KV-578-716

GERMAN
for the
Fifth Form

E.A.W. PRITCHARD

Senior Tutor
West Park Secondary College, Sandwell

London
G.BELL & SONS LTD
1976

Copyright © 1975 by
G. BELL & SONS LTD
Portugal Street, London, WC2A 2HL

First published 1975
Reprinted 1976

All rights reserved: no part of this publication may be reproduced, stored in a retrieval system, or transmitted, in any form or by any means, electronic, mechanical, photocopying, recording or otherwise, without the prior permission
of G. Bell & Sons Ltd.

India
Orient Longman Ltd.
Calcutta, Bombay, Madras and New Delhi

Canada
Clarke, Irwin & Co. Ltd., Toronto

Australia
John Cochrane Pty. Ltd., Port Melbourne, Vic.

New Zealand
Book Reps (New Zealand) Ltd, 46 Lake Road, Northcote, Auckland

East Africa
J.E. Budds, P.O. Box 44536, Nairobi

West Africa
Thos. Nelson (Nigeria) Ltd, P.O. Box 336, Apapa, Lagos

South and Central Africa
Book Promotions (Pty), Ltd, 311 Sanlam Centre,
Main Road, Wynberg, Cape Province

ISBN 0 7135 1835 9

Set by Transeuroset Ltd., Potters Bar, Herts.
Printed in Great Britain by
Billing and Sons Ltd., Guildford and London

17.

GERMAN
for the
Fifth Form

DERBY HIGH SCHOOL.

For the teacher

A major problem for most German teachers is that, as their language is very often an optional subject, they find themselves teaching groups containing wide ranges of ability. Many CSE essay scripts show that their writers have been utterly confused by the mass of grammatical facts which have come their way as a result of using a course book designed for the brightest pupils. It seems likely that they would have produced much better efforts had they been able to follow a course with more limited and appropriate aims. The intention of this volume is to serve the needs of pupils studying for the CSE examination and others for whom a less formal approach would be more suitable.

When planning the grammatical content of such a course it is necessary to balance the likely gain from teaching a specific item against the time and effort involved. Generally candidates have to produce two kinds of language; spoken, in the form of a question-and-answer oral, and written in the form of an essay or letter. In both vocabulary and grammar the requirements of the two types of exercise overlap considerably. Obviously the correct manipulation of verbs, the use of present and past tenses and the correct use of rules of word order are of the highest importance to both. Other points, however, traditionally taught with much labour, are much less productive, e.g. attributive adjective endings. The grammar section at the end of the book contains more than this basic material since it is felt that pupils may wish to check up on knowledge gained elsewhere. Though a series of grammar exercises is included for those who may prefer a more traditional method, the main approach to developing the candidate's language is a much less formal one, depending more on the successful acquisition of a few simple sentence patterns and their application to the spoken and written language.

The large number of Aural and Written Comprehension passages included is designed to furnish a plentiful supply of such material. Some of the more literary passages are clearly too long for examination purposes; they are included to show the average candidate that he has the knowledge to tackle genuine modern German texts.

The Multiple Choice Comprehension, Nacherzählung, Letter-writing and Role-play sections are included to provide practice material for areas where Boards use these tests. On the other hand no attempt has been made to supply Reading, Dictation and Translation passages, since it is a simple matter to adapt comprehension passages for these purposes should the need arise.

Acknowledgments

The author's thanks are due to those examining bodies named below for their kind permission to use copyright material:

The Associated Lancashire Schools, The East Anglian, The East Midlands Regional, The Metropolitan Regional, The Middlesex Regional, The North Western Secondary School, The Southern Regional, The South-East Regional, The Welsh Joint Education Committee and the West Midlands.

The sources of such material are indicated where they occur.

All the illustrations for the pictorial exercises used in the book are the copyright of the West Midlands Board.

Thanks are also due to authors or publishers for permission to reproduce passages from copyright works, sometimes in abridged or adapted form, as indicated.

Contents

USE OF GERMAN

COMPREHENSION PRACTICE

GRAMMAR

Use of German

1
How to use this section

All examinations require German to be used both in speaking and in writing. Many of the materials which follow may be explored in a variety of ways and used as practice material for both the oral and written sides of an examination.

The basic form of nearly all oral and some written testing is the question. The section therefore begins with practice in the techniques of answering questions. In essay writing a great deal can be achieved by mastery of a few simple sentence patterns and these are also specially considered.

The bulk of this section, however, is made up of materials directly related to what candidates may expect to meet with in the actual examination.

The order of materials in this section and their intended use may be summarized as follows:

Material	Purpose
Patterns of answering questions	Oral and written practice in answering questions.
Single pictures with questions	Oral and written practice in answering questions. (May also be used for written descriptions.)
Fragereihen	Primarily intended for practice for the general conversation section of the oral exam, but can also be very usefully employed as written exercises.

Comprehension Passages with questions in German	To provide examination practice.
Easy sentence patterns for description and narrative	Preliminary practice for essay work.
Picture series with questions	For guided composition.
Letters to answer	This test is set by a number of Boards. But this exercise forms a useful alternative to guided composition as an intermediate stage to full essay work.
Picture stories	To provide practice in essay writing under examination conditions. Can be converted into guided compositions if required.
Single pictures without questions	Included for conversation work under examination conditions.
Role-play situations and *Nacherzählung*	To provide practice for the examinations which require these tests.

2
Answering questions

HOW TO ANSWER QUESTIONS

REPLYING TO SIMPLE QUESTIONS

1. Always answer a question in the tense in which it is asked.

2. If both questions and answer have the same subject then a pronoun is usually employed in the answer:

   > Wo arbeitet *dein Vater?* *Er* arbeitet in der Fabrik.
   > Wo ist *meine Jacke?* *Sie* ist auf dem Stuhl.

3. If the answer requires a change of subject, then a change of verb ending will probably be required:

   > *Gehst du* gern in die Stadt? Ja, *ich gehe* sehr gern dahin.
   > *Darf ich* hier parken? Nein, hier *dürfen Sie* nicht parken.

4. In certain circumstances a change of verb is required in the answer. This often happens with *tun* and *machen* used in the sense of *to do*:

   > Was *tut er* jeden Abend? Er *sieht fern.*
   > Was *machst du* am Samstag? *Ich spiele* Fußball.
   >
   > BUT
   > Was *machst du* am Samstag?
   > *Ich mache* meine Hausaufgaben.

5. If you are answering questions in German on a comprehension passage be careful when copying from the text. Questions are usually arranged so that you can only answer them by either inventing new sentences or by changing or manipulating the text.

3

EXERCISES

Make up answers to the following questions:

A   1. Wo wohnt die alte Dame?
     2. Wohin fährt dein Vater?
     3. Ißt du gern Wienerschnitzel?
     4. Was haben Sie gefunden?
     5. Was machst du gern?
     6. Was machen wir jetzt?
     7. Was möchten Sie sehen?
     8. Wo steht das Haus?
     9. Wo liegt der Marktplatz?
   10. Was kann ich für Sie tun?

B   1. Was haben die Einbrecher gestohlen?
     2. Was wollen Sie denn machen?
     3. Könnt ihr gut spielen?
     4. Arbeitet dein Freund in der Stadtmitte?
     5. Wo steht das Kino?
     6. Was machst du heute abend?
     7. Siehst du gern fern?
     8. Wie groß ist dieser Berg?
     9. Was haben sie dann gemacht?
   10. Ist die Burg offen?

REPLYING TO THE QUESTION WHEN?

Wann fährst du in die Stadt?

time by the clock	Ich fahre	um halb zwei, gegen vier Uhr. vor sechs Uhr. von eins bis fünf.
on a specific day only	Ich fahre	heute, morgen, heute nachmit- tag, nächsten Mittwoch. am Montag, am Wochenende. am 21. April. zu Ostern, zu Weihnachten.

4

in a specific month or season	Ich fahre	im August. im Winter.
repeatedly	Ich fahre	jeden Tag, jede Woche, jeden Monat, jedes Jahr. montags, morgens.
using clauses	Ich fahre,	wenn ich Zeit habe. wenn ich einkaufen gehe. nachdem die Schule aus ist. bevor ich in den Klub gehe.

EXERCISES

Make up answers to the following questions. Try and vary your replies by using all the suggested variations. Try writing answers and answering orally, getting a friend to ask you the questions.

A   1. Wann geht man zur Sparkasse?
     2. Wann bekommt man viel Schnee?
     3. Wann hast du Geburtstag?
     4. Wann machst du deine Hausaufgaben?
     5. Wann brauchen die Kinder nicht zur Schule zu kommen?
     6. Wann haben wir die langen Schulferien?
     7. Wann ist die Schule heute aus?
     8. Wann warst du zum letzten Mal in der Stadt?
     9. Wann geht man in die Kirche?
   10. Wann kaufst du deiner Familie Geschenke?
   11. Wann ruft man den Arzt an?
   12. Wann fährt dein Vater sein Auto in die Garage?

B   1. Wann gehst du nicht aus?
     2. Wann findet Karneval statt?
     3. Wann bist du geboren?
     4. Wann spielen meistens die Fußballklubs in England?
     5. Wann geht man zum Zahnarzt?
     6. Wann hast du Urlaub?
     7. Wann gehst du ins Bett?
     8. Wann warst du zum letzten Mal im Kino?

9. Wann gehst du zum Jugendklub?
10. Wann fährt man ans Meer?
11. Wann kommt man nicht zur Schule?
12. Wann wird das Wetter wärmer?

REPLYING TO THE QUESTION WHERE?

1. If where? indicates position
   (see notes in Grammar section p. 189).

Wo hast du das Buch gefunden?

Ich habe das Buch	auf der Erde auf dem Fußboden unter dem Tisch in dem Schrank hinter der Uhr in dem Garten	gefunden.

Wo treffe ich dich?

Du triffst mich	vor dem Kino. auf der Straße. gegenüber dem Kino. am Brunnen. hinter dem Eisstand. unter der Brücke.

2. If *movement towards* is implied
   (often expressed by *where . . . to?*). (cf. p. 189).

Wohin fährst du?

Ich fahre	in die Stadt. ins Kino. auf das Land. nach Deutschland. nach London. nach Hause. nach dem Schwarzwald. zum Sportplatz. zur Schule. zum Krankenhaus.

Wohin soll ich das Buch legen?

Lege das Buch	auf den Tisch. in den Schrank. auf das Pult. unter die Tafel. hinter das Radio.

EXERCISE

Make up answers to the following questions. Try writing the answers and also replying orally, getting a friend to ask you the questions.

1. Wo ist mein Pullover?
2. Wohin fährst du heute?
3. Wo arbeitet dein Bruder?
4. Wo wohnt deine Freundin?
5. Wo verbringen wir unsere Ferien dieses Jahr?
6. Wohin wollen die Schmidts fahren?
7. Wo hast du das gekauft?
8. Wo haben Sie Frau Schulz gesehen?
9. Wohin gehst du jetzt?
10. Wohin hast du meinen Pullover gelegt?

REPLYING TO THE QUESTION WHY?

(a) Either by the use of *in order to* (um . . . zu)

Warum gehen Sie ins Kaufhaus?
Ich gehe ins Kaufhaus, *um* einen neuen Mantel *zu* kaufen.

Warum gehen Sie in die Schule?
Ich gehe in die Schule, *um* Deutsch *zu* lernen.

Warum gehen Sie ins Schwimmbad?
Ich gehe ins Schwimmbad, *um* schwimmen *zu* gehen.

(b) Or by the use of *because* (weil):
Warum kommen Sie nicht mit?

Ich komme nicht mit, { *weil* ich viele Hausaufgaben habe.
weil ich nach Hause gehen muß.
weil ich lieber Fußball spiele.
weil ich auf meine Freundin warte.

7

EXERCISES

Make up answers to these questions. Try writing your answers and answering orally, getting a friend to ask you the questions.

A 1. Warum gehst du jetzt ins Bett?
    2. Warum geht man ins Kino?
    3. Warum kauft sie keine neuen Kleider?
    4. Warum geht man zum Tennisplatz?
    5. Warum fahren soviele Leute in die Alpen?
    6. Warum ist die Burg heute nicht offen?
    7. Warum trägt man eine Brille?
    8. Warum wollen Sie nicht mitkommen?
    9. Warum war der Arzt heute bei Ihnen?
    10. Warum hast du keine Hausaufgaben gemacht?

B 1. Warum kommst du so spät?
    2. Warum geht man ins Cafe?
    3. Warum gehen Sie zum Krankenhaus?
    4. Warum gewinnt HSV Hamburg soviele Spiele?
    5. Warum ist dieses Haus so teuer?
    6. Warum gehen Hans und Fritz zum Sportplatz?
    7. Warum will deine Mutter nicht fliegen?
    8. Warum fährt man an die See?
    9. Warum ist Fritz heute nicht in die Schule gekommen?
    10. Warum ist Herr Schmidt nach Berlin gefahren?

ANSWERING QUESTIONS ON PICTURES

1. AM SCHWIMMBAD

1. Wo sind wir auf diesem Bild?
2. Wie ist das Wetter?
3. Ist es morgens oder abends? Warum sagst du das?
4. Was tragen die Leute?
5. Was machen die zwei Mädchen im Schwimmbad?
6. Und die drei Jungen?
7. Was macht der Junge, der hinten auf der Treppe steht?
8. Wie spät ist es auf dem Bild?
9. Was machen die Leute vorne?
10. Wohin mußt du gehen, wenn du schwimmen willst?
11. Kannst du auch da in der Sonne liegen?
12. Warum nicht?

2. IM WALD

1. Wo ist die Familie auf diesem Bild?
2. Wo steht die Mutter?
3. Warum legt sie ihren Mantel auf den Boden?
4. Warum weint das Kind?
5. Was macht der große Junge?
6. Und sein Bruder?
7. Was hat der Vater/die Mutter an?
8. Was macht das Mädchen?
9. Was kann man manchmal auch sammeln, wenn man im Wald ist?
10. Was kann man sonst im Wald machen?

3. VOR DER SCHULE

1. Wo sind wir auf diesem Bild?
2. Ist das eine englische Schule?
3. Warum sagst du das?
4. **Was hat der Junge mit der Aktentasche an?**
5. Was für Sport treibt man in dieser Schule?
6. Was machen die Jungen vorne und die hinten?
7. Wer kommt mit dem Rad zur Schule?
8. Wer kommt mit dem Auto zur Schule?
9. Wie kommst du zur Schule?
10. Wann ist die Schule in Deutschland aus?

4. DER CAMPINGPLATZ

1. Wo sind wir auf diesem Bild?
2. Warum kannst du sagen, daß der Campingplatz nicht in England ist?
3. Wie heißt der Platz?
4. Wo schläft man auf einem Campingplatz?
5. Wohin geht man, um Wasser zu holen?
6. Was machen die Mädchen vorne rechts?
7. Was kochen sie zum Mittagessen?
8. Was macht der Mann, der neben den Mädchen sitzt?
9. Wer ist eben angekommen?
10. Was macht der Mann, der am Fluß sitzt?
11. Was hat er in der Hand?
12. Was siehst du hinter dem Campingplatz?

5. IM DORF

1. Wo sind wir auf diesem Bild?
2. Was macht die Dame vorne links?
3. Was steht in der Mitte des Bilds?
4. Warum stehen die drei Personen da?
5. Wer steht vor der Bäckerei?
6. Warum geht man in den Ratskeller?
7. Welcher Laden steht gegenüber der Metzgerei?
8. Was kann man da kaufen?
9. Wie kommt man zur Post?
10. Warum geht man zur Post?

6. AM BAHNHOF

1. Wo sind wir auf diesem Bild?
2. Wie ist das Wetter draußen?
3. Was kann man am Kiosk links kaufen?
4. Wann will man solche Sachen kaufen?
5. An welchem Bahnsteig ist ein Zug eben angekommen?
6. Warum steht die Familie rechts?
7. Warum sitzt das Mädchen?
8. Wie spät ist es?
9. Warum geht man in die Bahnhofsgaststätte?
10. Was will man machen, wenn man zum Schalter rechts geht?

7. IM WINTER

1. Wo sind wir auf diesem Bild?
2. Wie ist das Wetter?
3. Was sieht man im Hintergrund?
4. Was steht oben auf dem Berg rechts?
5. Was will der Junge dort oben machen?
6. Was machen die Leute in der Mitte des Bildes?
7. Was wollen die zwei vorne links machen?
8. Was haben sie an?
9. Wohin müssen sie zuerst gehen?
10. Was für Wintersport treibt man in England?

8. VOR DEM KINO

1. Wie heißt das Kino?
2. Was läuft?
3. Was für ein Film ist das, deiner Meinung nach?
4. Wann fängt er an?
5. Was machen die Leute jetzt?
6. Haben sie den Film gut gefunden? Warum?
7. Was macht der Mann vorne links?
8. Und was macht der Mann vorne rechts?
9. Wem gehört der Hund?
10. Gehst du oft ins Kino?

9. VOR DEM CAFE

1. Wo sind wir auf diesem Bild?
2. Sind wir in einer großen Stadt?
3. Wo sind die Leute vorne rechts?
4. Was macht der Mann mit dem Hut?
5. Was macht der Mann, der mit der Frau sitzt?
6. Was siehst du vorne links?
7. Warum steht die alte Dame mit der Einkaufstasche da?
8. Was machen die zwei Kinder in der Mitte des Bildes?
9. Was siehst du hinter den zwei Kindern?
10. Was siehst du am Brunnen?
11. Warum ist das Auto da?
12. Wie spät ist es auf diesem Bild?
13. Wie weißt du das?
14. Wohin geht man, um Zigaretten zu kaufen?
15. Was trägt der Mann, der am Kiosk steht?

SIE SIND IM
KAUFHAUS KLÜTSCH
Erdgeschoß

STOCK	SIE FINDEN
4	SPIELZEUGE
	ERFRISCHUNGSRAUM
3	MÖBEL
2	DAMEN-UND KINDERKLEIDUNG
1	HERRENKLEIDUNG
	BÜCHER SCHREIBWAREN
Erdgeschoß	LEBENSMITTEL
	DROGERIE

10. IM WARENHAUS

1. Wie heißt das Warenhaus?
2. Auf welchem Stock sind die Leute?
3. Was macht der Junge vorne links?
4. Was kann man hier kaufen?
5. Was haben der Mann und sein Sohn eben gekauft?
6. Wo kann man Bücher kaufen?
7. Wohin geht man, wenn man eine Tasse Kaffee trinken will?
8. Wo könntest du einen neuen Mantel kaufen?
9. In welchem Warenhaus kaufst du gern ein?
10. Wo liegt es?

ANSWERING FRAGEREIHEN

1. PERSÖNLICHE FRAGEN (*a*)

Wie heißt du?
Wie alt bist du?
Wann hast du Geburtstag?
Wo wohnst du?
Was für eine Stadt ist . . .?
Wieviel Einwohner hat unsere Stadt?
Welche Sehenswürdigkeiten würdest du einem Gast zeigen?
Wo kann man schöne Ausflüge in der Nähe von unserer Stadt machen?
Wohnst du gern in unserer Stadt?
Warum? (Warum nicht?)

2. PERSÖNLICHE FRAGEN (*b*)

Wie ist dein Vorname?
Wie groß bist du?
Was wiegst du?
Hast du Geschwister?
Wann bist du geboren?
Wie hilfst du im Haushalt?
Was liegt gegenüber deinem Haus?
Wohnst du auf dem Lande?
Findest du das Leben hier manchmal langweilig?
Was kannst du in deiner Freizeit machen?

3. DEIN HAUS (*a*)

Wohnst du auf dem Lande oder in der Stadt?
Wohnst du in einem Haus oder in einer Wohnung?
Wieviel Zimmer hat es?
In welchem Zimmer ißt man?
Was findet man in einem Wohnzimmer?
Was macht man in der Küche?

Was kannst du kochen?
Beschreibe dein Schlafzimmer.
Was für Haustiere hast du?
Seit wie lange wohnst du in deinem Haus?

4. DEIN HAUS (*b*)

Wie ist deine Adresse?
Wie weit ist das von der Schule entfernt?
Wieviel Personen sind in deiner Familie?
Hast du ein eigenes Zimmer?
Wann gehst du ins Bett?
Darfst du am Wochenende später aufbleiben?
Wann stehst du morgens auf?
Was machst du, wenn du morgens aufstehst?
Was ißt du zum Frühstück?
Wann mußt du das Haus an einem Schultag verlassen?

5. DIE SCHULE (*a*)

Wann beginnt die Schule morgens?
Wieviel Stunden haben wir jeden Tag?
Wie lange dauert eine Stunde?
Wann haben wir Morgenpause?
Was kann man in der Morgenpause machen?
Mit wieviel Jahren kommen die Kinder in diese Schule?
Wieviel Schüler besuchen unsere Schule?
Wieviel Fächer muß man studieren?
Was für Sport kann man treiben?
Wie oft hast du Deutsch in der Woche?

6. DIE SCHULE (*b*)

Wie lange bist du schon in dieser Schule?
Wieviel Jahre willst du noch in der Schule bleiben?
Welche Fächer lernst du?
Welches lernst du am liebsten?
Welches Fach würdest du wählen, wenn du mit einem neuen
    anfangen müßtest?
Was machst du in der Mittagspause?

20

Was für Sport treibst du gern in der Schule?
Welcher Tag gefällt dir am besten? Warum?
Was möchtest du in der Schule ändern?

7. KLEIDER

Was hältst du von deiner Schuluniform?
Woraus besteht sie?
Was für Kleider trägst du gern?
Darfst du diese Kleider selbst wählen?
Wo kaufst du sie?
Welches Geschäft ist das beste, glaubst du?
Sind die Kleider da teuer?
Wieviel Geld gibst du jeden Monat für Kleider aus?
Woher bekommst du das Geld?
Glaubst du, daß es wichtig ist, viele Kleider zu haben?

8. DEUTSCHLERNEN

Seit wann lernst du Deutsch?
Wieviel Deutschstunden hast du in der Woche?
Lernst du gern Deutsch? Warum? (*oder*) warum nicht?
Welche Sprachen können wir auf unserer Schule lernen?
Was ist wichtiger, Deutsch gut sprechen oder schreiben zu
    können? Warum?
Hast du einen deutschen Brieffreund?
Wann hast du Deutschland besucht?
Wo kann man die Sommerferien in Deutschland gut verbringen?
Was kann man da machen?
Und wohin kann man im Winter fahren?

9. WIE DU DEINE FREIZEIT VERBRINGST (*a*)

Wieviel Stunden Hausaufgaben bekommst du gewöhnlich?
Wo machst du deine Hausaufgaben?
An welchem Abend bekommst du die längsten Aufgaben?
Welche Fächer findest du schwer?
Siehst du manchmal fern, wenn die Aufgaben fertig sind?
Was für Programme siehst du gern?
Was ist dein Lieblingsprogramm? Warum?

Wann warst du zum letzten Mal im Kino?
Was hast du da gesehen?
Was sind deine Hobbys?

10. WIE DU DEINE FREIZEIT VERBRINGST (*b*)

Gehst du lieber mit Jungen oder mit Mädchen aus?
Wie heißt dein bester Freund? (deine beste Freundin?)
Wie groß ist er? (sie?)
Wie sieht er (sie) aus?
Wo wohnt er? (sie?)
Was macht er (sie) gern?
Wohin gehst du mit ihm (ihr) aus?
Wie oft gehst du mit ihm (ihr) aus?
Bist du manchmal auch gern allein?
Was machst du dann?

11. TASCHENGELD

Wieviel Taschengeld bekommst du?
Wie oft bekommst du es?
Was kaufst du mit deinem Taschengeld?
Wohin fährst du, wenn du einkaufen willst?
Wie heißt das Geschäft, wo du am liebsten einkaufst?
Was kaufst du da?
Mußt du etwas von deinem Taschengeld auch sparen?
Was kann man tun, wenn man nicht genug Taschengeld bekommt?
Was für Jobs gibt es für Schüler, die Geld verdienen wollen?
Was würdest du kaufen, wenn du viel Geld hättest?

12. DIE ZEIT, DAS WETTER UND DIE JAHRESZEITEN

Wie spät ist es?
Den wievielten haben wir heute?
Wie ist das Wetter heute?
Was für Wetter hast du am liebsten?
Wie ist das Wetter im Sommer?
Was machst du gern bei solchem Wetter?
Wie ist das Wetter im Winter?

Was kann man machen, wenn es viel geschneit hat?
Wann ist Weihnachten?
Wann fallen die Blätter zur Erde?

13. WAS DU HEUTE GEMACHT HAST

Wann bist du gestern abend ins Bett gegangen?
Und wann bist du heute morgen aufgestanden?
Was hast du heute zum Frühstück gegessen?
Wann bist du heute zur Schule gekommen?
Was hast du heute in der Morgenpause gemacht?
Welche Fächer hast du heute schon gelernt?
Welche Stunde hat dir am besten gefallen?
Wann ist die Schule heute abend aus?
Wie kommst du heute abend nach Hause?
Was willst du heute abend machen?

14. WEIHNACHTEN

Wann ist Weihnachten?
Was hat man zu Weihnachten im Wohnzimmer?
Wie sieht der Weihnachtsmann aus?
Von wem bekommst du Weihnachtsgeschenke?
Was für Geschenke kaufst du für deine Eltern?
Wann ist der Sylvesterabend? Wie feierst du ihn?
Wie lange sind die Weihnachtsferien?
Wie ist das Wetter oft zu Weihnachten?
Warum fahren viele Leute zu Weihnachten ins Ausland?
Was für Wintersport kann man in England treiben?

15. GEBURTSTAG

Wann hast du Geburtstag?
Wie feierst du deinen Geburtstag?
Was können deine Gäste machen?
Sind deine Eltern gewöhnlich dabei, wenn du deine Party hast?
Von wem bekommst du Geburtstagspost?
Wieviel Personen hast du zur letzten Geburtstagsparty eingeladen?
Welche Geschenke hast du bekommen?
Welches Geschenk hat dir am besten gefallen? Warum?
Wie würdest du deinen Geburtstag am liebsten verbringen?
Wen möchtest du zu deinem nächsten Geburtstag einladen?

16. FERIEN (a)

Wohin fahren die meisten englischen Leute in den Sommerferien?
Was können sie da machen?
Wann ist man manchmal traurig, wenn man an der See ist?
Wohin kann man fahren, wenn man die See nicht gern hat?
Was kann man da machen?
Warum bleiben einige Leute zu Hause?
Einige Leute wollen unbedingt warmes, sonniges Wetter haben.
    Wohin sollten sie fahren?
Wie kann man dahin fahren?
Wie kann man sehr billige Ferien haben?
Warum fahren einige Leute lieber im Winter ins Ausland?

17. FERIEN (b)

Wie kann man von England nach Deutschland fahren?
Wie lange dauert die Reise ungefähr?
Welche deutsche Stadt möchtest du gern besuchen?
Warum?
Wo würdest du Auskunft über Hotels und Reiseverbindungen
    bekommen?
Was für Andenken würdest du dir in Deutschland kaufen?
Und was für Geschenke würdest du deinen Eltern mitbringen?
Warum ist das Autofahren in Deutschland für den englischen
    Touristen nicht leicht?
Wo gibt es viel Schnee in Deutschland?
Was würdest du mitnehmen, wenn du da einen Winterurlaub
    verbrächtest?

18. FERIEN (c)

Wann hast du zum letzten Mal eine Ferienreise gemacht?
Wie bist du dahingefahren?
Wo hast du gewohnt?
Wie lange bist du dort geblieben?
Wie war das Wetter?
Was hast du da gemacht?
Hat es dir gut gefallen?
Was machst du in den Ferien, wenn du zu Hause bleibst?

Wenn du eine lange Reise machst, fährst du lieber mit dem Zug
oder mit dem Auto? Warum?
Wohin möchtest du reisen, wenn du genug Geld hättest?

19. EINKAUFEN

Wann geht deine Mutter einkaufen?
Wo kauft sie ein?
Gehst du mit?
Warum? (Warum nicht?)
Wohin gehst du, wenn du Kleider kaufen willst?
Wie fährst du dahin?
In was für einem Geschäft kauft man eine Schallplatte?
Wie nennt man ein Geschäft, wo man alles kaufen kann?
Wann warst du zum letzten Mal in der Großstadt?
Was hast du da gekauft?

20. PLÄNE FÜR DIE ZUKUNFT

Was willst du werden, wenn du die Schule verläßt?
Möchtest du in deiner Heimatstadt arbeiten? Warum? (*oder*
Warum nicht?)
Was sind die besten Berufe (*a*)   für einen Mann?
                          (*b*)   für eine Frau?
Welchen Beruf findest du attraktiv?
Warum?
Für welche Berufe mußt du auf der Universität studieren?
Glaubst du, daß es wichtig ist, viel Geld zu verdienen?
Wann möchtest du heiraten?
Möchtest du dann auf dem Lande oder in der Stadt wohnen?
Warum?

ANSWERING QUESTIONS ON PASSAGES

1. A LODGING FOR THE NIGHT

Zwei Mädchen aus Berlin machten eine Wanderung durch das Rheintal. *Jeden Tag wanderten sie von Dorf zu Dorf, besichtigten Burgen and Ruinen und stiegen Berge hinauf und herunter.* Jede Nacht schliefen sie in einer Jugendherberge.

Eines Tages, gegen sechs Uhr abends, kamen sie todmüde in ein Dorf und traten in einen Laden ein. Es war die Bäckerei.

„Guten Tag. Was wünschen Sie? ", fragte die Frau des Bäckers.

„Können Sie uns bitte sagen, wie wir zur Jugendherberge kommen? ", fragte das eine Mädchen.

„Ja, freilich", antwortete die Frau, „*aber ich glaube, Sie gehen umsonst dahin.* Ich höre die Jugendherberge ist schon voll. Wir haben jedoch ein Dachzimmer frei. Das ist zwar kein richtiges Gastzimmer, denn es hat nur zwei Strohbetten, zwei Stühle und einen Kleiderschrank, aber Sie können gern dort übernachten."

Die beiden Mädchen waren so müde, daß sie das Zimmer sofort annahmen.

(*West Midlands Examination Board*)

A Give the meaning of the italicized sentences in English.

B Answer these questions in English.

1. Where were the two girls spending their holiday?
2. What did they do each day?
3. How did they usually spend the night?
4. Why did they go to the bakery in this village?
5. Why did the lady say they were wasting their time?
6. What did she offer them?
7. Describe it.
8. What fact influenced them to accept?

C Answer these questions in German.

1. Was machten die beiden Mädchen während ihrer Wanderung?

26

2. Wo übernachteten sie gewöhnlich?
3. Wann kamen sie in dem Dorf an?
4. Wie waren sie, als sie ins Dorf kamen?
5. Wohin gingen sie sofort?
6. Was kauft man in einer Bäckerei?
7. Was wollten die beiden Mädchen?
8. Was für ein Zimmer bot die Frau ihnen an?
9. Was war in dem Zimmer?
10. Wo übernachteten die Mädchen endlich?

2. THE RADIO BROADCAST

Die Sonne strahlte schon ins Zimmer. Inge schlief noch. Als der Wecker rasselte, wurde sie sofort wach. Ein Blick auf die Uhr: fünf Minuten vor acht. *Inge lief zum Radio, machte es an, und nach wenigen Minuten hörte sie Nachrichten.* Danach hörte sie die Übersicht für das Abendprogramm und merkte vor allem eine Sendung über „Die deutsche Stadt im Jahre 2000."......,,Das möchte ich aber hören! *Hoffentlich bekomme ich heute nicht zu viele Schulaufgaben", sagte sich Inge.*

Am Abend waren die Schularbeiten gerade vor dem Abendbrot fertig, und Inge saß gleich danach im Schlafzimmer und hörte die interessante Sendung. Sie hörte von dieser Zukunftsstadt mit besseren Wohnungen, Straßen und Verkehrsmitteln als heute. *„Aber das kommt erst in 30 Jahren"*, dachte sich Inge.

(*Metropolitan Regional Examinations Board*)

A Give the meaning of the italicized sentences in English.

B Answer these questions in English.

1. What woke Inge up?
2. When was this?
3. What was her first action?
4. Why did she hope not to get too much homework?
5. When did she finish her homework?

27

6. What did she do after this?
7. What was to be better in the future?
8. What was Inge's reaction to all this?

C Answer these questions in German.

1. Was für ein Tag ist es hier?
2. Was weckte Inge auf?
3. Warum machte Inge des Radio an?
4. Welches Programm interessierte sie sehr?
5. Wann schrieb sie ihre Schulaufgaben?
6. Wohin ging Inge, bevor sie die Sendung hörte?
7. Was gibt es in der Stadt von 2000?
8. Wie lange muß Inge darauf warten?

3. A TRIP TO THE COUNTRY

Walter ging mit seinen beiden Schwestern zum Bahnhof, denn die Kinder wollten zu ihrem Onkel aufs Land fahren. *Die Eltern und die beiden jüngsten Kinder waren zu Hause geblieben.*

„Dreimal nach Klein Henndorf, bitte", sagte Luise, die älteste, als sie vor dem Schalter stand.

„Seid ihr alle schon über zehn, oder bekommt ihr noch Kinderkarten? " fragte der Beamte.

„Ach so, also zwei Erwachsene und ein Kind. Meine Schwester hier ist noch nicht ganz zehn."

„Ich bin aber bald auch zehn", sagte Inge, die auch gern so groß wie ihre dreizehnjährige Schwester aussehen wollte.

„Einfache Fahrt, oder hin und zurück? " fragte der Beamte weiter.

„Ja, wieviel kostet es? " fragte Luise, die das Fahrgeld für alle hatte.

„Zwei Mark vierzig einfach, vier Mark hin und zurück. Kinder unter zehn halber Fahrpreis."

„Dann bitte hin und zurück," sagte das Mädchen, „das ist ja billiger."

„Gut, hier sind die Fahrkarten. Ihr fahrt um halb elf ab, Bahnsteig drei. Gute Reise!"

„Da haben wir ja noch eine Viertelstunde Zeit", sagte Walter und ging zum Zeitungskiosk. *Die beiden Mädchen aber gingen schon auf den Bahnsteig, um sich die Züge anzusehen.*

Kurz vor halb elf stiegen sie alle ein. Der Zug war ziemlich leer, so konnte jeder einen Fensterplatz haben. Walter las seine Zeitung, die Mädchen sahen aus dem Fenster. *Sie freuten sich alle sehr auf den Tag beim Onkel in Klein Henndorf, denn es war ihr erster Besuch.*

„An der sechsten Station müßt ihr aussteigen", hatte die Mutter ihnen noch vor der Abfahrt gesagt, „paßt nur gut auf, denn man kann den Namen des Bahnhofs nicht gut erkennen."

Die Kinder zählten die Bahnhöfe und stiegen richtig aus. „Kann das der Onkel sein?" fragte Walter. *Die Kinder hatten den Onkel noch nie gesehen.*

„Das wird er wohl sein", meinte Luise, „Mutter hat gesagt, er wird am Zug auf uns warten, und sonst ist doch kein anderer Mann hier."

Man gab sich die Hand und küßte sich und ging dann zum Ausgang hinaus.

(*Middlesex Regional Examining Board*)

A   Give the meaning of the italicized sentences in English.

B   Answer these questions in English.

1. Who was going to the country and who was staying at home?
2. Who bought the tickets? Why?
3. At what age was it necessary to pay full fare?
4. Why did Inge wish she looked older?
5. Why did Luise choose to buy return tickets instead of singles?
6. About what time was it when they had finished getting the tickets?
7. Where did the children sit in the train?
8. How did each of them spend the journey?
9. Why did mother say they would need to keep a special watch for Klein Henndorf?
10. What did they have to do when they got out there?

C Answer these questions in German.

1. Wieviele Geschwister hatte Walter?
2. Wo wohnte der Onkel der Kinder?
3. Warum hatte nicht Walter das Fahrgeld?
4. Warum fragte der Beamte, wie alt die Kinder waren?
5. Warum war Inge nicht froh, daß sie noch nicht ganz zehn Jahre alt war?
6. Wieviel kosteten die Fahrkarten zusammen?
7. Wie alt muß man sein, um zum halben Fahrpreis zu fahren?
8. Wieviel Geld sparte Luise, als sie Rückfahrkarten nahm?
9. Warum ging Walter zum Zeitungskiosk?
10. Wo konnten sich die beiden Mädchen die Züge ansehen?
11. Warum stiegen sie alle kurz vor halb elf ein?
12. Wo saßen alle drei im Zug?
13. Warum sollten die Kinder gut aufpassen und die Bahnhöfe zählen?
14. Wie oft waren die Kinder schon in Klein Henndorf gewesen?
15. Wie erkannte Luise ihren Onkel?
16. Wann haben Sie Ihre längste Bahnfahrt gemacht? Wie alt waren Sie und von wo nach wo fuhren Sie?
17. Womit fahren Sie, wenn Sie nicht mit der Bahn fahren? Was gefällt Ihnen besser und warum?
18. Warum sind Rückfahrkarten nützlich, auch wenn sie nicht billiger sind?
19. Wie macht man es mit dem Essen auf einer langen Reise?
20. Fahren Sie am liebsten allein oder mit Freunden oder mit der Familie? Warum?

(Middlesex Regional Examining Board)

4. ADVENTURE AT SEA

Herr und Frau Schmidt, die den Wassersport lieben, fahren gern an die Ostsee.

Letztes Jahr verbrachten sie dort wie immer ihre Sommerferien. Das Wetter war herrlich, und jeden Tag saßen sie am Strand in der warmen Sonne.

„Wir haben dieses Jahr viel Glück", sagte Frau Schmidt zu ihrem Mann. „Sieh, wie still das Wasser ist! *Wollen wir nicht eine Seereise machen?"*

„Eine gute Idee", antwortete Herr Schmidt.

Eine Woche später kaufte Herr Schmidt zwei Fahrkarten für eine Tagesfahrt auf einem Schiff, und um zehn Uhr morgens ging er mit seiner Frau an Bord der *Berolina*.

Wie schön war die Seefahrt.

Drei Stunden später aber begann es zu regnen, und ein Gewitter zog auf.

Die See wurde ganz unruhig.

Plötzlich hörte man laute Stimmen: „Hilfe! Hilfe! Mann über Bord!" Alle Fahrgäste waren aufgeregt.

Man versuchte, den Mann zu retten, und ein Passagier warf dem Mann einen Rettungsring zu.

Glücklicherweise konnte der Mann den Ring fassen, und der Kapitän holte ihn an Bord des Schiffes.

(*Metropolitan Regional Examinations Board*)

A   Give the meaning of the italicized sentences in English.

B   Answer these questions in English.

1. What did Herr and Frau Schmidt do during their holidays?
2. Why did Frau Schmidt say they were lucky?
3. What was the Berolina?
4. At about what time did it begin to rain?
5. What was the cause of the excitement?
6. Who made a rescue attempt?
7. How was this done?
8. How was the rescue completed?

C   Answer these questions in German.

1. Wo verbrachten Herr und Frau Schmidt ihre Ferien?
2. Warum fuhren sie dorthin?
3. Was machten sie am Strand?
4. Was möchte Frau Schmidt tun?
5. Wie lange wollten sie auf dem Dampfer bleiben?
6. Wie wurde das Wetter nach einiger Zeit?

7. Warum waren die Passagiere aufgeregt?
8. Warum warf ein Passagier dem Mann einen Rettungsring?

5. A WEEKEND MISHAP

Am Sonntag wollte die Familie wie gewöhnlich eine Spazierfahrt machen. Sobald man das Geschirr vom Mittagessen weggesetzt hatte, ging der Vater in die Garage und fuhr das Auto heraus. *Die Familie stieg ein, und es ging los.*

Nach zehn Minuten kamen sie zur Autobahneinfahrt, und sie fuhren in Richtung Frankfurt die Autobahn entlang. *Als sie mit einer Geschwindigkeit von 100 Stundenkilometer fuhren, bekam die Mutter Angst, und sie bat ihren Mann, nicht so schnell zu fahren.* Nach einer weiteren Viertelstunde verließen sie die Autobahn, und *bald fuhren sie viel langsamer eine enge Waldstraße hinab.*

Plötzlich versagte der Motor, und der Wagen hielt.

,,Das ist aber Pech", sagte der Vater. ,,Hier ist es so einsam."

Aber bald merkte er, warum der Motor versagt hatte: sie hatten kein Benzin mehr.

,,Hier sind 10 Mark", sagte der Vater zu seinen beiden Söhnen. ,,Lauft zum nächsten Ort und holt mir fünf Liter Benzin. Dort werdet ihr bestimmt eine Tankstelle finden."

(West Midlands Examination Board)

A   Give the meaning of the italicized sentences in English.

B   Answer these questions in English.

   1. How did the family usually spend Sunday afternoons?
   2. What had to be done first?
   3. How far did they live from the motorway?
   4. What made the mother nervous?
   5. Where were they when the engine stopped?
   6. Why was father particularly concerned?
   7. What was the cause of the trouble?
   8. How did father finally solve the problem?

C Answer these questions in German.

1. Wann ging die Familie am Wochenende aus?
2. Was war zuerst in der Küche zu tun?
3. Warum ging der Vater in die Garage?
4. Was erreichten sie nach zehn Minuten?
5. Warum hatte die Mutter Angst?
6. Wie lange fuhren sie auf der Autobahn?
7. Wo waren sie, als der Motor versagte?
8. Was war los?
9. Wer mußte zum nächsten Ort laufen?
10. Wohin geht man, um Benzin zu kaufen?

6. A GERMAN GIRL TELLS OF A HOLIDAY
ON LAKE CONSTANCE

— Wie war's denn im Urlaub?

— Ach, es war schön! *Bloß war's viel zu kurz* - eine Woche, das ist einfach nicht lang genug.

— War das Wetter schön?

— Am ersten Tag hat's geregnet, aber dann war's schönes Wetter - *fast zu heiß zum Wandern war's*. Aber wenn's dann zu heiß geworden ist, sind wir eben ins Schwimmbad gegangen. Dann war's wieder angenehmer.

— Wieviel wart ihr denn?

— Ach, ich war nur mit einer Schwester, aber wir haben dann jeden Tag immer gleich Freunde gefunden - und Freundinnen.

— Seid ihr mit dem Rad gefahren?

— Nein. *Wir sind mit dem Zug nach Überlingen gefahren, und dann eben von einer Jugendherberge zur anderen - jeden Tag ein Stückchen.*

— Wo wart ihr denn? In welchen Städten?

— Ach, *von Überlingen sind wir nach Meersburg, und von Meersburg dann mit der Fähre nach Konstanz und von Konstanz sind wir nach Romanshorn.* Dort sind wir dann einen Tag geblieben. Dort ist es sehr schön. Dann sind wir wieder mit der Fähre nach Friedrichshafen gefahren, und dort sind wir auch wieder einen Tag geblieben. Und dann eben nach Lindau, Bregenz - *so fast um den ganzen See sind wir herumgekommen.*

— Du hast etwas von Meersburg gesagt. Da gibt es doch die Pfahlbauten. Habt ihr die besichtigt?

— Ja. Die haben wir besichtigt. Es ist eigentlich nicht so besonders. Das sind eben Bauten im Wasser. Die sieht man aber auch auf der Schweizer Seite — Ferienhäuser — die sehen fast gleich aus. Nur daß sie nicht so alt sind.

From *German Child Language Survey*, by permission of the Nuffield Foundation

A Give the meaning of the italicized sentences in English.

B Answer these questions in English.

    1. What does she say about the length of her holiday?
    2. What was the weather like?
    3. What did she do in really hot weather?
    4. Who did she go with?
    5. How did they travel?
    6. Where did they stay?
    7. Name two places where they spent a day.
    8. How did they travel to Friedrichshafen?
    9. What do you think the 'Pfahlbauten' are?
   10. Do you think she was impressed by them? Give reasons for your opinions.

C Answer these questions in German.

    1. Wie lange war der Urlaub?
    2. Wie oft hat es geregnet?
    3. Mit wem ist dieses Mädchen auf Urlaub gefahren?
    4. Was haben sie gemacht, wenn es zu heiß wurde?
    5. Wo haben sie übernachtet?
    6. Wie lange waren sie in Romanshorn?
    7. Wie sind sie von Meersburg nach Konstanz gekommen?
    8. Wie wissen wir, daß Romanshorn und Friedrichshafen an verschiedenen Seiten des Bodensees liegen?
    9. Wie heißen die alten Häuser, die im Wasser gebaut sind?
   10. Wohin muß man gehen, um sie zu sehen?

7. QUICK THINKING

Frau Hiller arbeitete in der Küche. Es war halb elf. Sie hatte viel zu tun. Zuerst wollte sie das Mittagessen vorbereiten und nachher das Wohnzimmer sauber machen, denn *sie und ihr Mann hatten am vorigen Abend Besuch gehabt, und sie waren danach zu müde gewesen, die schmutzigen Gläser und Aschenbecher abzuwaschen, bevor sie ins Bett gingen.*

Sie war um sieben Uhr aufgestanden, hatte zuerst das Frühstück und den Kaffee für sich und Herrn Hiller gekocht und *dann, als ihr Mann zur Arbeit gefahren war, war sie gegen neun Uhr losgegangen und hatte Fleisch, Kartoffeln und Gemüse eingekauft und außerdem wie jeden Morgen eine Viertelstunde mit ihrer Nachbarin über den Zaun geplaudert.*

Nun hatte sie es eilig. Gerade als sie mit dem Fleischschneiden beschäftigt war, hörte sie das Splittern von Glas. Sie eilte ins Eßzimmer und fand das Fenster zerbrochen. Auf dem Teppich lag ein Fußball. In diesem Moment klopfte es an die Tür. Frau Hiller machte auf und sah einen kleinen Jungen von etwa neun Jahren, der schüchtern lächelte und dann sagte: ,,*Es tut mir leid aber Vater kommt gleich und repariert das Fenster.*" Frau Hiller antwortete: ,,Also, in Ordnung, mein Junge", und gab ihm den Ball zurück.

Einige Minuten später erschien tatsächlich ein Mann, der eine neue Glasscheibe einsetzte. *Als er fertig war, wandte er sich an Frau Hiller und sagte: ,,Das macht sechs Mark neunzig.*"

,,Wie kommt denn das? " fragte Frau Hiller überrascht. ,,Sie sind doch der Vater des kleinen Jungen der das Fenster entzwei geschlagen hat? ".

,,Oh nein", erwiderte der Glaser erstaunt. ,,Sind Sie denn nicht seine Mutter? "

(Southern Regional Examinations Board)

A Give the meaning of the italicized sentences in English.

B Answer these questions in English.

1. Why did Frau Hiller have an unusual amount of work to do that day?
2. What did she do after her husband left for work?
3. What was she doing when she heard the crash?

35

4. Where had it come from?
5. What had caused it?
6. What did the little boy say?
7. Why did she give him his ball back?
8. What happened soon afterwards?
9. What did the man say which surprised Frau Hiller?
10. What had in fact happened?

C Answer these questions in German.

1. Womit war Frau Hiller beschäftigt, als sie das Splittern von Glas hörte?
2. In welchem Zimmer war des Fenster zerbrochen?
3. Was sah Frau Hiller auf dem Teppich?
4. Wer klopfte an die Tür?
5. Warum gab Frau Hiller dem Jungen den Ball?
6. Wieviel Geld verlangte der Glaser?
7. Wie alt möchte der Junge sein?
8. Was tat der Junge, als Frau Hiller die Tür aufmachte?
9. Was hat der Junge mit dem Ball getan?
10. Warum hielt Frau Hiller den Mann für den Vater des Jungen?

8. GOING TO THE MATCH

Es war ein Sonntag im Januar und es hatte während der Nacht in unserem Dorf geschneit. Jetzt regnete es in Strömen. Nach dem Mittagessen aber zogen wir die Mäntel an und machten uns trotz des Regens auf den Weg zur Bushaltestelle. *Wir mußten unbedingt in die Großstadt zum Fußballstadion, denn heute fand ein besonders wichtiges Spiel statt.* An der Haltestelle warteten schon etwa vierzig Fanatiker. Wir mußten fünf Minuten warten, und dann erschien der gelbe Autobus. Er war schon ganz voll, aber glücklicherweise war der Schaffner auch ein Fußballfanatiker und so durften wir alle einsteigen. *Dann aber war der Bus so voll, daß der Fahrer große Schwierigkeiten hatte, die Türen zu schließen.*

Nach einigen Minuten gelang es ihm, und der Bus konnte endlich weiterfahren. Es war so ein schreckliches Gedränge im Bus,

36

daß der Schaffner gar nicht durchkommen konnte, um das Fahrgeld zu verlangen. Als der Bus nach einer Viertelstunde vor dem Stadion hielt, mußten wir alle dem Schaffner unsere 50 Pfennige bezahlen, als wir ausstiegen. *Dann gingen wir mit den vielen Leuten, die schon die Straßen entlangströmten, dem Stadion entgegen.*

(*West Midlands Examination Board*)

A   Give the meaning of the italicized sentences in English.

B   Answer these questions in English.

  1. What weather had they experienced?
  2. Why were they intent on going to the city?
  3. Why were so many people allowed to get on a nearly full bus?
  4. What difficulties did the crush make for the driver?
  5. And for the conductor?
  6. What did the conductor do about this?
  7. How long did the journey take?
  8. What did they do when they got off?

C   Answer these questions in German.

  1. Wann fand diese Fahrt statt?
  2. Wie war das Wetter?
  3. Wohin wollten sie fahren?
  4. Wieviele Leute warteten schon an der Haltestelle?
  5. Warum durften sie alle einsteigen?
  6. Warum konnte der Bus erst nach einigen Minuten weiterfahren?
  7. Warum wollte der Schaffner durchkommen?
  8. Warum konnte er nicht?
  9. Wann verlangte er das Fahrgeld?
  10. Wie lange dauerte die Fahrt und was kostete sie?

9. THE CHRISTMAS PRESENT

Es war kurz vor Weihnachten. Ein Mann, der ungefähr vierzig Jahre alt war, fuhr auf der schneebedeckten Landstraße in seinem großen, schwarzen Auto. Er war traurig, denn er hatte keine Familie und er mußte das Fest allein feiern. Während des Krieges, als er in Rußland war, hatten die Amerikaner seine kleine Heimatstadt bombardiert, und als er nach dem Krieg zurückkehrte, fand er sein Elternhaus von Bomben zerstört. *Die Eltern waren vermutlich tot, denn niemand hatte sie seit dem Bombenangriff gesehen.*

Jetzt fuhr er durch eine Kleinstadt. *An einer Straßenecke stand eine kleine, alte Frau, die die Straße überqueren wollte.* In der einen Hand trug sie eine große Tasche voll Einkäufe, in der anderen ein riesengroßes Paket. *Zweifellos hatte sie gerade alles für die Weihnachtstage eingekauft. Als sie die Straße überqueren wollte, trat sie auf Eis und fiel hin.* Der Fahrer mußte scharf bremsen. Das Auto hielt, *der Fahrer stieg aus und kam auf die Alte zu,* die noch auf dem Boden lag. Er war wütend.

„Was machen Sie denn? " schrie er. „So unvorsichtig auf die Straße herauszutreten...."

Aber dann schwieg er plötzlich, nahm die kleine Frau in die Arme und brachte sie in sein Auto. Es war seine Mutter, die er lange für tot gehalten hatte.

Das war sein Weihnachtsgeschenk.

(West Midlands Examination Board)

A   Give the meaning of the italicized sentences in English.

B   Answer these questions in English.

    1. Where was the man driving his car when the story opens and what were the weather conditions?
    2. Why was he sad?
    3. What had happened to his family?
    4. Where was he at that time?
    5. Describe what the old woman was carrying.
    6. What was she trying to do when she fell?
    7. What did this cause the driver to do?

8. How did he treat the old woman at first and why did his attitude change?
9. What did he do with her?
10. Why do you think the story is entitled 'The Christmas Present'?

C Answer these questions in German.

1. Was für ein Auto hatte der Mann?
2. Warum war er traurig?
3. Wo war er im Kriege?
4. Wohin ging die alte Frau?
5. Was hatte sie gerade gemacht?
6. Warum fiel sie hin?
7. Warum war der Fahrer wütend?
8. Warum schwieg er dann plötzlich?

10. ABSENCE FROM SCHOOL

Nach dem Abendessen setzte sich Paul an den Tisch im Eßzimmer, um seine Schularbeiten zu machen. *An diesem Abend hatte er besonders viel zu tun.* Er mußte einen Aufsatz schreiben, eine deutsche Übersetzung machen und auch etwas für den Mathematiklehrer lernen. Er öffnete seine Mappe und entdeckte zu seinem Erstaunen, daß er die Bücher, die er für die Schulaufgaben brauchte, nicht mitgebracht hatte.

Am folgenden Morgen hatte Paul Angst, daß seine Lehrer zornig sein würden, weil er keine Hausarbeit gemacht hatte, und so beschloß er, zu Hause zu bleiben. Er sagte seiner Mutter, er hätte Halsschmerzen. Die Mutter schickte aber sofort nach dem Arzt. Als Dr. Wiener um halb zehn seinen Besuch machte, führte ihn Pauls Mutter auf sein Zimmer. Dr. Wiener fand Paul im Bett. Der zwölfjährige Junge arbeitete an seinem Flugzeugmodell. *Der Arzt kannte den Blick, mit dem ihn der Junge hoffnungsvoll begrüßte.*

„Er hat wieder Temperatur," flüsterte Pauls Mutter. „*Wir wollen mal messen,*" antwortete der Arzt und steckte das Thermometer in Pauls Mund. Nach einer Minute nahm er es wieder heraus und sah es an. „Na also", setzte er hinzu, als das Thermometer ganz richtig auf 36,6 stehengeblieben war, „du wirst heute nachmittag wieder zur Schule gehen können." *Paul stiegen sogleich Tränen in die Augen.* Was würde ihm geschehen, wenn die Lehrer fanden, daß er die Aufgaben nicht gemacht hatte?

„Mir ist aber so schlecht", log er noch, als Dr. Wiener ans Telefon gerufen wurde. Kaum war er draußen, da hielt Paul das Thermometer in seine Tasse mit heißer Limonade. Das Quecksilber stieg so hoch es konnte. Paul schüttelte es etwas herunter und wartete, bis der Arzt zurückkam.

(*N.W. Secondary School Examinations Board*)

A   Give the meaning of the italicized sentences in English.

B   Answer these questions in English.

    1. What did Paul do after supper?
    2. What kind of work did he have to do?
    3. What did he discover on opening his schoolbag?
    4. Why did he decide to stay at home next day?
    5. What did he tell his mother?
    6. How was Paul passing his time when the doctor arrived?
    7. What was the result of the doctor's examination?
    8. What course of action did the doctor recommend?
    9. How did this affect Paul?
   10. What did Paul do when the doctor left the room?

C   Answer these questions in German.

    1. Wohin ging Paul, um seine Schularbeiten zu machen?
    2. Wie brachte er gewöhnlich seine Bücher nach Hause?
    3. Warum konnte Paul an diesem Abend seine Aufgaben nicht machen?
    4. Was wollte er am folgenden Tag nicht tun?
    5. Wie alt war Paul?
    6. Was geschah um halb zehn?
    7. Warum steckte der Arzt das Thermometer in Pauls Mund?
    8. Wie lange blieb das Thermometer in Pauls Mund?
    9. Warum ging Dr. Wiener plötzlich aus dem Zimmer?
   10. Warum stieg das Quecksilber hoch?

11. A HOLIDAY ADVENTURE

Der zehnjährige Wolfgang und seine Eltern verbrachten die Ferien beim Onkel im Schwarzwald. *Ihr Schäferhund Rolf war natürlich auch dabei.* Eines Abends als Wolfgang gerade mit dem Hund in einem engen Tal spazieren ging, überraschte plötzlich der Hund einen Hasen. Dieser lief gleich bergauf und bald verschwanden beide Tiere im Kiefernwald. Der Junge rief dem Hund nach und folgte ihm so schnell er konnte, aber der Abhang war steil. *Er pfiff und rief und stieg immer hinauf, aber umsonst.* Nach einer Stunde mußte er es aufgeben, denn es fing schon zu dunkeln an. Traurig kehrte er um und stieg hinab. Als er nach Hause kam, stand seine Mutter vor dem Haus. Sie sah ganz zornig aus. *Sie hatte sich nämlich große Sorgen um ihn gemacht.* Als *er seinem Vater erklärte, daß er den Hund verloren hatte, standen ihm die Tränen in den Augen;* aber der Onkel versicherte ihm; ,,Der Hund kommt bestimmt wieder, obwohl ihm die Gegend fremd ist." Und so war es. Kurz nach Mitternacht, als der Junge noch schlaflos im Bett lag, hörte er ein Kratzen und Winseln an der Haustür. Rolf war wieder da.

(West Midlands Examination Board)

A   Give the meaning of the italicized sentences in English.

B   Answer these questions in English.

1. Where did this adventure take place?
2. Where did Wolfgang go one evening?
3. What made Rolf disobedient?
4. What did Wolfgang do?
5. Why couldn't he keep up?
6. Why did he give up after an hour?
7. Why was his mother angry?
8. Why was the boy upset when he spoke to his father?
9. What was his uncle's opinion?
10. What finally happened?

C   Answer these questions in German.

1. Wie alt war Wolfgang und was für ein Hund war Rolf?
2. Wo fing dieses Abenteuer an?

41

3. Warum lief der Hund weg?
4. In welche Richtung liefen der Hund und der Hase?
5. Was tat der Junge, um seinen Hund wiederzufinden?
6. Warum ging er nach einer Stunde nach Hause?
7. Warum war die Mutter böse?
8. Woher wissen wir, daß der Junge traurig war, als er mit seinem Vater sprach?
9. Was meinte der Onkel?
10. Wie wußte Wolfgang, daß der Hund zurückgekommen war?

12. FATHER HAS A COLD

Herr Braun nieste. *Weil er schon wieder erkältet war, lag er im Bett.* „Das ist mindestens der zehnte Schnupfen, den du in diesem Jahr mit nach Hause bringst", sagte seine Frau.

„*Aber sonst bin ich kerngesund*", antwortete er, „nie habe ich Zahnweh wie du". Ihr Mann streckte die Hand aus dem Bett und nahm die Wärmflasche, die ihm seine Frau gebracht hatte.

Nach einer Stunde sah Frau Braun wieder nach ihrem Mann. *Sie fand das Bett überschwemmt, denn die Wärmflasche war nicht gut verschlossen gewesen.*

Sie wechselte die Bettwäsche, während Herr Braun in seinem Lehnstuhl saß und dauernd hustete. „Du steckst mich bestimmt wieder an", schimpfte sie.

Am Abend ging die Tür auf. Heinrich, der jüngste Sohn, kam herein. „Hinaus mit dir!" rief Herr Braun, „du weißt doch, daß ich erkältet bin. Was willst du denn hier? "

„Aber Vati", erwiderte Heinrich, „ich will dir einen Gutenachtkuß geben, bevor ich ins Bett gehe." *Ein paar Minuten später kamen Heinrichs Bruder, Werner, und seine kleine Schwester, Inge, die barfuß in ihrem Nachthemd hereingelaufen war.* Auch sie ließen sich nicht von dem Schnupfen ihres Vaters abschrecken, und alle drei mußten ihm absolut einen Kuß geben.

Am nächsten Morgen standen die Kinder wieder im Schlafzimmer, ihre Schultaschen in der Hand. Sie schienen sehr ärgerlich zu sein. „Das ist kein richtiger Schnupfen", meinte Heinrich, „*du hast uns gar nicht angesteckt. Es war alles umsonst. Nun müssen wir doch zur Schule!"*

In der Küche bereitete Frau Braun Frühstück für ihren Mann zu. Sie nieste ununterbrochen, denn sie war mit einem starken Schnupfen aufgewacht.

(*Southern Regional Examinations Board*)

A   Give the meaning of the italicized sentences in English.

B   Answer these questions in English.

    1. How many colds has Herr Braun had?
    2. What does Frau Braun often suffer with?
    3. What is she afraid will happen?
    4. What information does the passage give us regarding Herr Braun's children?
    5. What do the children say they want?
    6. What was the real purpose of their visit?
    7. Why were they cross next day?
    8. Why was Frau Braun also likely to be cross?

C   Answer these questions in German.

    1. Wer von den Kindern kam zuerst ins Schlafzimmer?
    2. Was wollte das Kind?
    3. Wie hießen die Geschwister von Werner?
    4. Was trug Inge, als sie ihren Vater küsste?
    5. Warum wollten die Kinder ihren Vater küssen?
    6. In welches Zimmer kamen die Kinder am nächsten Morgen, um mit ihrem Vater zu sprechen?
    7. Warum trugen sie Ihre Schultaschen?
    8. Warum schienen sie sehr ärgerlich zu sein?
    9. Womit beschäftigte sich Frau Braun in der Küche?
  10. Was war mit ihr los?

13. A CASE OF MISTAKEN IDENTITY

Es war in Berlin zu einer Zeit, als alles noch rationiert war. Vor einem Laden stand schon um sieben Uhr eine ganze Menge von Leuten, denn man hatte dort am Abend vorher auf einem Schild an der Ladentür gesehen, daß frische Butter zu haben war. Jeder wußte, daß die Butter schnell ausverkauft sein würde und daß man früh ankommen müßte, um etwas davon zu bekommen. Da sich das Geschäft erst um acht öffnete, standen die Leute schon in einer Schlange vor der Tür.

Gegen acht kam eilig ein kleiner, grauhaariger Mann und drängte sich nach vorn. Die Menge wurde böse. Ein Mann schrie „Unverschämt!" und eine junge Frau schimpfte „Machen Sie, daß Sie wegkommen, oder ich hole die Polizei!"

Aber der kleine Mann drängte sich weiter durch und rief zornig: „Lassen Sie mich durch! *Glauben Sie denn, daß dies alles mir Spaß macht?* "

Das war für die Leute zu viel. Von allen Seiten hörte jetzt der kleine Mann Schimpfworte. Er aber zuckte resigniert mit den Schultern und sagte: „Nun gut, wie Sie wollen! Wenn Sie mich nicht vorlassen, dann mache ich die Tür nicht auf." *Und Sie können hier stehenbleiben bis die Butter ranzig wird!*"

(East Anglian Examinations Board)

A   Give the meaning of the italicized sentences in English.

B   Answer these questions in English.

    1. Where does this incident occur?
    2. At what time of day?
    3. Why is there a queue outside the shop?
    4. Why is it necessary to queue so early?
    5. What does the little grey-haired man do?
    6. What does the young woman threaten to do?
    7. What does the man do when they refuse to let him through?
    8. Why is the passage entitled 'A Case of Mistaken Identity'?

C   Answer these questions in German.

    1. Warum warteten die Leute?
    2. Wie lange mußten sie warten, bevor sich das Geschäft öffnete?
    3. Warum war Butter nicht leicht zu kaufen?

4. Wie sah der kleine Mann aus?
5. Was versuchte er zu tun?
6. Was war die Folge?
7. Warum war der kleine Mann zornig?
8. Was versuchte er eigentlich zu tun?
9. Was für ein Geschäft war das wahrscheinlich?
10. Wer war der kleine Mann?

14. A BOY IS LOST

Frau Schlüter hatte nicht genug Brot zum Abendessen, auch fehlte es ihr an Butter. So gab sie ihrem achtjährigen Sohn Stefan Geld und schickte ihn ins Dorf zum Bäcker. *Sie sah ihm stolz nach, als er durch den Garten und in den Wald ging.* Er mußte drei Kilometer laufen, bis er das Dorf erreichte.

Als er nach zwei Stunden noch nicht zurück war, bekam Frau Schlüter Angst. *Sie lief zu ihrer Nachbarin ins Haus und telefonierte den Bäcker.* —Nein, er hatte Stefan nicht gesehen. In großer Angst lief sie wieder nach Hause. Gott sei Dank, ihr Mann kam gerade in seinem Wagen an.

—,,*Fahr mich bitte ins Dorf, Heinrich.* Ich hab' Stefan zum Bäcker geschickt, und er ist noch nicht zurück!''

Sie fuhren gleich ab, und, *als sie sich dem Dorf näherten, sahen sie unten am Bach zwei Knaben, die Steine ins Wasser warfen.* Der eine war Stefan. Er hatte das Geld verloren, bevor er das Dorf erreicht hatte und wagte nicht, ohne die Einkäufe heimzukehren.

(West Midlands Examination Board)

A   Give the meaning of the italicized sentences in English.

B   Answer these questions in English.

1. Why was Stefan sent to the village?
2. What did Frau Schlüter think of her son?
3. Where did the Schlüters' house lie?
4. What happened after two hours?
5. What action did Frau Schlüter take?

6. How did she get to the village?
7. What did they see before they got there?
8. What had happened?

C Answer these questions in German.

1. Was brauchte Frau Schlüter?
2. Was sollte ihr Sohn tun?
3. Wie alt war er?
4. Wie weit hatte er bis ins Dorf?
5. Wo lag das Haus der Familie Schlüter?
6. Warum bekam Frau Schlüter Angst?
7. Warum besuchte sie ihre Nachbarin?
8. Um was bat sie ihren Mann, als er nach Hause kam?
9. Wo fanden sie ihren Sohn?
10. Warum war er nicht nach Hause gekommen?

15. AN UNUSUAL MEAL

Zwei Damen saßen in einem Restaurant.

Anna: Herr Ober, bitte zweimal das Menü zu 6.50 DM. Und bitte machen Sie schnell, wir haben nicht lange Zeit.

Kellner: Jawohl, gnädige Frau, ich komme sofort. Wünschen die Damen Suppe oder die kalte Vorspeise?

Anna: Was gibt es denn für Suppe?

Kellner: *Wir haben Ochsenschwanzsuppe oder Tomatensuppe, beides sehr zu empfehlen.*

Inge: Ich nehme die Ochsenschwanzsuppe, und du, Anna?

Anna: Ach, ich muß mit Suppe immer etwas vorsichtig sein. Du weißt ja, meine Diät.

Inge: Also, Anna, sprich nicht immer von deiner Diät! *So ein Teller Suppe macht dich auch nicht gleich dick.* Es ist ja doch nur Wasser mit etwas. . .

Kellner: (fast etwas ärgerlich): Echte Ochsenschwanzsuppe, wenn ich bitten darf!

Anna: Also gut, dann geben Sie uns beiden einen Teller davon; und was haben Sie zu trinken?

Kellner: Was Sie wünschen. Darf ich Ihnen unsere Weinkarte zeigen?

Anna: Wein? Ach, nicht für mich, bitte. Ich muß ja gleich wieder Auto fahren, und die Polizei...

Kellner: Ja, ich verstehe. *Wir haben aber auch alkoholfreie Getränke, Limonade, Himbeersaft, Johannisbeersaft... soll sehr gut sein wegen der Vitamine, sagt man.*

Anna: Ich glaube, wir trinken Wasser. Das ist auch gesund, und noch dazu viel billiger. Bringen Sie uns bitte einen Krug mit zwei Gläsern.

Der Kellner notierte sich alles und ging dann fort. Als er mit dem Essen zurückkam, saß noch eine dritte Dame am Tisch.

Anna: *Meine Freundin ist eben noch gekommen.* Sie brauchen aber deshalb nicht noch ein Essen zu bringen. Ich verteile unser Essen auf drei Teller, da haben wir auch genug, und bringen Sie noch ein drittes Glas für Wasser.

Der Kellner brachte also noch einen leeren Teller, Löffel, Messer und Gabel und ein Glas. *Die anderen Gäste sahen sich amüsiert um und sahen sich an, wie Anna das Essen verteilte.* Besonders mit der Suppe war das nicht leicht.

Als der Kellner dann nach einiger Zeit mit der Rechnung kam, fand er nur einen leeren Tisch. Die Damen waren nicht mehr da. Auf dem Tisch lag ein Stück Papier mit folgender Aufschrift: ,,Wir konnten leider nicht länger auf die Rechnung warten. Ich sagte Ihnen ja, daß wir es eilig haben. Ich komme morgen vorbei und bezahle."

Das war vor sieben Jahren. Der Kellner wartet noch heute auf sein Geld.

(*Middlesex Regional Examining Board*)

A Give the meaning of the italicized sentences in English.

B Answer these questions in English.

1. Why did Anna not wish to have soup?
2. Why did she not want wine?
3. Why did she decide to drink water?

4. What did the waiter find when he returned with the order?
5. What instructions did Anna give on his return?
6. What did Anna find difficult to do?
7. What message did the waiter find later?
8. How long ago was this?

C Answer these questions in German.

1. Wieviele Damen gibt es in dieser Geschichte?
2. Womit begannen sie ihr Mittagessen?
3. Welche Suppe wählten Anna und Inge nicht?
4. Was bot der Kellner außer Suppe zu essen an?   .
5. Warum wollte Anna zuerst keine Suppe essen?
6. Warum wurde der Kellner fast etwas ärgerlich?
7. Warum sprach Anna von der Polizei?
8. Was ist der Unterschied zwischen Wein und Himbeersaft?
9. Was bestellte Anna zu trinken?
10. Wieviele Gläser mußte der Kellner bringen? Warum?
11. Warum sahen sich die anderen Gäste amüsiert um?
12. Was machte Anna mit dem leeren Teller?
13. Wie groß war die Rechnung, die der Kellner brachte?
14. Warum kamen die Damen nicht mehr in dieses Restaurant?
15. Wie lange wartet der Kellner schon auf sein Geld?

16. A LITTLE GIRL SEES 'GHOSTS'

Herr und Frau Hahlen und die siebenjährige Almut reisten im Auto mit Wohnwagen durch Bayern. Nachts schliefen die Eltern im Anhänger, während es im Auto genug Platz zum Schlafen für das kleine Mädchen gab.

Eines Abends war es schon spät, und Herr Hahlen hatte noch keinen Lagerplatz gefunden. *Es wurde immer dunkler.* Endlich kam ein Dorf, und *Herr Hahlen fragte einen Mann auf der Straße nach einem Lager.*

„Fahren Sie geradeaus bis zur Kreuzung, dann den ersten Weg rechts, und dann scharf den Hügel hinauf. Oben liegt eine große Wiese. Dort können Sie die Nacht bleiben", riet der Mann.

48

Herr Hahlen bedankte sich, fuhr los und fand die Wiese. Nach dem Abendbrot machte Frau Hahlen das Bett für Almut im Auto zurecht. Die Kleine war so müde, daß sie bald einschlief. Nach einer Weile aber hatte sie unruhige Träume. *Es schien ihr, als ob sich um sie herum etwas bewege. Almut drehte sich hin und her, bis sie endlich die Augen aufschlug.*

„Gut", dachte sie, „ich bin wach, und der böse Traum ist weg."

Aber nein! *Almut hatte sich geirrt.* Etwas bewegte sich um das Auto. Durch die Fenster konnte sie weiße Gestalten sehen. Wie schrecklich! Räuber? Mörder? Da hörte sie — mal nah, mal fern — ein Klingeln von Glöckchen.

„Wer ist das? Räuber und Mörder kommen doch nicht mit Glöckchen. Hu! Das sind Geister!" dachte die Kleine.

Zu Tode erschrocken kletterte Almut aus dem Auto, hämmerte an die Wohnwagentür und schrie: „Mutti, Vati, schnell, da sind Geister!"

Frau Hahlen öffnete blitzschnell die Tür und sah im hellen Mondlicht ihre Tochter. „Geister", schluchzte Almut noch einmal und drückte sich fest an ihre Mutter. Im selben Augenblick hörte man in der Nähe ein Glöckchen und „mäh, mäh", und hinter dem Wohnwagen kam ein Schaf hervor.

Da sagte Herr Hahlen lachend zu seiner Tochter: „Du Dummerchen. Hier ist dein ‚Geist', ein Schaf mit einem Glöckchen am Hals. Alle Schafe tragen Glöckchen in den Bergen. So kann man sie leichter finden, wenn sie sich verirrt haben. Aber nun schnell zurück ins Bett."

Am nächsten Morgen lachte Almut über ihre ‚Geister', als sie die Schafe mit ihren Glöckchen klingeln hörte.

(*Southern Regional Examinations Board*)

A   Give the meaning of the italicized sentences in English.

B   Answer these questions in English.

1. What were the sleeping arrangements of the Hahlen family?
2. When and why did Mr. Hahlen talk to a man in the street?
3. What directions was Mr. Hahlen given to find the meadow?

4. What did Almut see when she first woke up?
5. What did Almut hear having woken up?
6. What did Almut dream about?
7. What did Almut say when she clung to her mother?
8. How did Almut feel when she climbed out of the car?
9. What appeared behind the caravan?
10. What are domestic animals in the mountains apt to do?

C Answer these questions in German.

1. Wie alt war die kleine Almut?
2. Wer schlief im Wohnwagen und wer im Auto?
3. Warum sprach Herr Hahlen mit dem Mann auf der Straße?
4. Warum hatte Almut Angst?
5. Wie wußte sie, daß es keine Räuber oder Mörder waren?
6. Wohin ging Almut?
7. Was kam hinter dem Wohnwagen hervor?
8. Warum hatte das Schaf ein Glöckchen am Hals?

17. TWO SCHOOLBOYS MAKE PLANS

Es war in der Pause im Schulhof. Karl und Reinhard sprachen ernst miteinander.

„Wohin fährst du diesen Sommer? " fragte Reinhard.

„Ich weiß nicht. *Meine Eltern fahren in die Schweiz, aber ich will nicht mit.* Voriges Jahr waren wir auch da, und es war recht langweilig."

„*Solltest du nicht mit den Eltern fahren?* " fragte Reinhard.

„Nein, *mein Vater sagt, ich darf dieses Jahr allein fahren, und wohin ich will.* Aber leider kann ich nicht."

„Warum kannst du nicht? "

„Na, wenn ich allein fahre, muß ich natürlich selbst bezahlen", erklärte Karl. „Ich möchte nach Italien. Aber die Reise wird ein schönes Stück Geld kosten, und dann kommen zwei Wochen in einem Hotel dazu."

„Aber, Mensch! Du könntest Camping gehen. Das ist sehr billig, und das italienische Wetter ist sehr günstig: die Nächte sind ja so warm."

„Meinst du? Aber was weißt du von Italien? Du bist noch nie da gewesen, oder? "

„*Nein, das stimmt.* Aber letzten Juni verbrachte mein Vetter Roland zehn Tage in Rom und das Wetter war herrlich. Aber *er konnte die Leute nicht leiden.*"

„Camping ist nur billig, wenn man schon ein Zelt hat, und ich habe keins. Nein, das geht nicht", sagte Karl.

„Doch, vielleicht geht es. Ich habe ein Zelt und zwei Schlafsäcke, und ich möchte auch nach Italien fahren. Du hast einen Roller: also, fahren wir zusammen? "

(*West Midlands Examination Board*)

A Give the meaning of the italicized sentences in English.

B Answer these questions in English.

1. What are Karl and Reinhard discussing?
2. Why doesn't Reinhard want to go with his parents?
3. Why can't he go on his own?
4. Where would he like to go?
5. What does Reinhard suggest?
6. Why does he mention his cousin Roland?
7. What objections does Karl have to Reinhard's suggestion?
8. What does Reinhard finally suggest to overcome this?

C Answer these questions in German.

1. Wer sprach in der Pause?
2. Welche Pläne machten die beiden Jungen?
3. Wo war Karl voriges Jahr im Urlaub?
4. Warum will er dieses Jahr nicht wieder dorthin fahren?
5. Warum kann er nicht allein auf Urlaub fahren?
6. Wie lange möchte er in Italien bleiben?
7. Warum ist das Wetter in Italien besonders gut für Camping?
8. Woher weiß Reinhard so viel von Italien?
9. Was meinte Roland von den Italienern?
10. Wie meinte Reinhard, daß sie reisen und übernachten sollten?

51

18. A CHANGE IN LIFE

Als Otto klein war, wohnte er in einem einsamen Dorf, weit von einer Stadt. *Aber kurz nach seinem zwölften Geburtstag änderte sich sein Leben.* Sein Vater bekam eine Stellung bei einer Firma in Krefeld, und die Familie mußte umziehen.

An einem strahlenden Junitage hielt ein Möbelwagen vor ihrem Haus, und zwei Männer stiegen aus. Sie arbeiteten schnell und fanden es leicht, die schweren Betten und den Kleiderschrank hinauszutragen. Nach einer Stunde war alles geladen. Der Vater fuhr mit dem Möbelwagen, um dem Fahrer den Weg zu zeigen. Otto, seine beiden Schwestern und seine Mutter fuhren mit dem Zug. *Die Reise selbst war sehr aufregend für die Kinder, denn sie hatten noch nie so eine lange Fahrt mit der Bahn gemacht.*

Otto gefiel das neue Leben in der Großstadt sehr. Am besten gefiel ihm der Rhein, der an der Stadt vorbeifloß. *Schön war die Landschaft nicht, und das Wasser war schmutzig, aber als er die vielen Kähne und Schiffe sah, die stromauf und stromab fuhren, einige mit deutschen Fahnen, andere mit holländischen, schweizerischen oder französischen, dann wußte er, daß man hier wirklich leben konnte.* Hier war seine Welt.

(West Midlands Examination Board)

A Give the meaning of the italicized sentences in English.

B Answer these questions in English.

   1. How did Otto's life change when he was twelve?
   2. Why was this?
   3. What was the weather like the day the family moved?
   4. Describe what happened that morning.
   5. Why did father not accompany the family on the journey?
   6. Give two reasons for the children being excited by the journey.
   7. What did Otto most like about his new home town?
   8. Describe the Rhine at Krefeld.

C Answer these questions in German.

   1. War für ein Leben führte Otto, als er klein war?
   2. Wie alt war er, als sein Leben sich änderte?

3. Warum mußte die Familie jetzt in Krefeld wohnen?
4. Wie war das Wetter, als die Familie umzog?
5. Wie waren die Männer, die die Möbel trugen?
6. Wie kamen sie alle zum neuen Haus?
7. Warum waren die Kinder aufgeregt während der Reise?
8. Was hatte Otto am liebsten in seinem neuen Leben?
9. Wie ist der Rhein bei Krefeld?
10. Aus welchen Ländern kamen die Schiffe, die er auf dem Rhein sah?

19. HERR BEILE'S HOLIDAY

Herr Braun wohnt nicht weit vom Büro, und bei schönem Wetter läßt er sein Auto in der Garage. So geht es schneller, denn er braucht keinen Parkplatz zu finden. *Einen Spaziergang im Park kann auch nicht jeder machen, wenn er zur Arbeit geht.*

Vorigen Montag war es schön. Unterwegs traf er seinen Kollegen Herrn Beile, der vom Urlaub zurückkehrte und auch durch die Blumenbeete ins Büro ging.

„Tag, Herr Beile! Sie sehen schön braun aus. Sie haben bestimmt Glück gehabt. Vierzehn Tage Sonne, was?"

„Wir haben viel Sonne gehabt, aber ich bin ganz müde. *Meiner Meinung nach sind wir ein bißchen zuviel gefahren.* Meine beiden Söhne und ich wollten nämlich an der spanischen Küste Camping gehen, aber meine Frau und meine Tochter waren dagegen. Sie dachten nur an Paris. Endlich mußten wir beides machen. Glücklicherweise fährt unser neues Auto ganz schnell. Schon am ersten Sonnabend erreichten wir Paris. *Wir haben die Sehenswürdigkeiten besichtigt und sind am Mittwoch weitergefahren. Erst am Freitag kamen wir an der See an.*"

„Schade, daß Sie so viel spanische Sonne verpaßt haben."

„Am Anfang der Woche war das Wetter aber nicht so schön gewesen. Sie hatten einen starken Wind und an zwei Tagen sogar Regen. Wir haben also nichts verpaßt. *Erst als wir ankamen, wurde das Wetter gut.*"

(West Midlands Examination Board)

A   Give the meaning of the italicized sentences in English.

53

B   Answer these questions in English.

    1. Why does Herr Braun find it quicker to leave his car at home?
    2. Where is he thus able to go?
    3. Why does he comment on Herr Beile's sunburn?
    4. In what way was Herr Beile dissatisfied with his holiday?
    5. Where had the family gone first?
    6. What had they done there?
    7. When had they reached Spain?
    8. In what way had their delayed arrival not made very much difference to their holiday?

C   Answer these questions in German.

    1. Wie kommt Herr Braun bei schönem Wetter ins Büro?
    2. Wann traf er Herrn Beile?
    3. Was machte Herr Braun gerade, als er Herrn Beile traf?
    4. Wie lange war Herr Beile auf Urlaub gewesen?
    5. Warum ist er jetzt ganz müde?
    6. Wieviele Personen sind in der Familie Beile?
    7. Wohin wollten Herr Beile und seine Söhne fahren?
    8. Wie ist die Familie Beile gefahren?
    9. Wann haben die Beiles endlich die spanische Küste erreicht?
   10. Wie war das Wetter, als sie da waren?

20. MAN SETS OFF FOR THE MOON

Es ist der 21. Dezember 1968–drei Tage vor dem Heiligen Abend. Überall entlang dem Strand des Atlantischen Ozeans haben sich eine Viertelmillion Menschen angesammelt. An jeder Stelle stehen sie in Scharen, mit Ferngläsern und Filmkameras. *Geduldig warten sie auf den großen Moment, in dem die unglaubliche Reise beginnen wird.* Sie hausen in Zelten, sitzen an Lagerfeuern und Campingtischen. Die meisten sind schon am Abend zuvor gekommen. *Im Umkreis von über 60 Kilometer um Kap Kennedy war am Tag vorher kein Hotelzimmer mehr zu bekommen.* Viele Zuschauer haben in der vergangenen Nacht am Strand oder in ihren Autos geschlafen, in Decken und Mäntel gehüllt.

Die meisten stehen mindestens dreißig Kilometer vom Start-
platz der Rakete entfernt, doch ist das Land so flach und die
Rakete so groß, daß sie am Horizont für alle Zuschauer deutlich
sichtbar ist.

Der historische Moment, in dem Menschen erstmalig zum
Mond starten, ist gekommen. Um 07.51 Uhr, genau nach Plan,
beginnt sich die Saturn V langsam zu bewegen. In zweieinhalb
Minuten ist die erste Stufe der Rakete ausgebrannt und abgeworfen. Und auf diesem flammenspeienden Monster reiten drei
Astronauten—drei Menschen unserer Zeit, die die Reise in die
endlosen Schlünde des Raums antreten.

A   Give the meaning of the italicized sentences in English.

B   Answer these questions in English.

　　1. How many days before Christmas did the events described
　　　 above take place?
　　2. Write, as a numeral, the number of spectators referred to.
　　3. Name two things some spectators were holding.
　　4. Why had so many to spend the night on the beaches or in
　　　 their cars?
　　5. How far away were the nearest observers?
　　6. Give two reasons why the rocket was clearly visible at this
　　　 distance.
　　7. Why was the occasion historic?
　　8. What did the rocket look like at the moment of take-off?
　　9. What two things make it clear that these events took place
　　　 in the east of America?
　　10. At what time precisely did the burnt-out first stage detach
　　　 from the rocket?

(East Anglian Examinations Board)

C   Answer these questions in German.

　　1. Warum haben sich diese Zuschauer gesammelt?
　　2. Wieviele Zuschauer waren da?
　　3. Was hatten sie mitgebracht?
　　4. Wo wohnten sie?

5. Wo mußten viele schlafen?
6. Wie weit waren die meisten vom Startplatz entfernt?
7. Warum konnten sie es deutlich sehen?
8. Was ist nach zweieinhalb Minuten passiert?

3
How to do well with your essays

1. *Before the examination*

Throughout the year you should be doing two things:

(*a*) Developing the skill of checking your work very carefully. This is something that has to be gradually acquired; you will not do it well in the exam however hard you try, unless your brain is used to doing it. To check your work well you need a system. There are so many things to check you can't do them all at once. Re-read your work several times, each time concentrating on finding one particular type of error. For example, on first reading check the position of verbs, on second reading the case you have used with prepositions and so on. Of course this takes time, but it is time well spent since it may well double the marks you score.

(*b*) Practising ways of impressing the examiner with your skill and control of written German. The exercises which follow and many of those linked with the grammar section will give you ideas how to do this. Long before the examination is due you will know what you can do successfully and what will probably give trouble, and once you reach the examination room you will have to bear these limitations in mind and write within them.

2. *During the examination*

(*a*) Prepare a first draft consisting of two or three simple sentences on each stage of the story. Any problems with vocabulary will have to be resolved and then tenses should also be checked.

(*b*) With these points sorted out you can concentrate on polishing your work. Try and improve it by changing words or phrases, introducing *Als* and *Weil* clauses, etc. However, remember your limitations!

(*c*) Write approximately the required number of words. If you write too few you will be penalized, if too many, the last part of your work will not be counted and this may contain your best German.

(*d*) Check your work carefully and systematically.

4

Developing skills in essay writing

SENTENCE PATTERNS FOR USE IN ESSAYS AND LETTERS

Two types of linguistic activity are especially useful in writing a simple essay; description of people and places – and the expression of movement. The following tables suggest ways of building such sentences. The examples are given in the Past Tense.

Description of Persons

1.

Er	war	1,60m groß.	
Sie	sah	stark	aus.
Die alte Dame	trug	einen großen Pelzmantel. eine kleine Brille.	
Der Soldat	hatte	ein graues Hemd	an.

2.

Sein Haar Ihre Nase	war	lang.
Seine Beine Ihre Hände	waren	kurz.

Description of Places and Situations

3.

Der Bus	stand	vor	dem Laden.
Meine Schwester			der Post.
Das Auto	wartete	gegenüber	dem Kino.

59

Elisabeth	wartete stand	an vor	dem Tisch. der Tür. dem Fenster.
Fritz	war arbeitete	in	dem Garten. der Sparkasse. dem Büro.

Expression of Movement

Note: the direction of the movement is important. (See p. 172)
→ these are used when expressing movement away from the speaker;
← these are used when expressing movement towards the speaker.

4.

Der Mann	ging	den Berg die Straße	hinauf. → hinab. →
	kam	den Fluß	herauf. ← herab. ←

5.

Der Mann	ging	durch den Garten ins Haus	*hinein. →
	kam	durch das Fenster über den Hof	*herein. ←

* Optional additions to the sentence

6.

Die Kinder	eilten	die Treppe	hinauf. → herauf. ← hinunter. → herunter. ←
	liefen		
	schlichen	durch den Garten ins Haus durch die Garage über den Hof	*hinein. → *herein. ←

* Optional additions to the sentence

EXERCISES

1. Try extending Tables (1) and (2) by adding as many phrases as possible.
2. Write a description of someone you met on holiday.
3. Expand Table (3) by adding as many phrases as possible.
4. Expand Tables (4), (5) and (6) by adding as many prepositional phrases as possible and draw up a list of as many verbs of movement as you can think of.

SIMPLE GUIDED COMPOSITIONS

1

Was haben die vier Freunde gestern gemacht?
Was haben sie mitgebracht?
Was mußten sie machen, bevor sie hineingehen durften?
Wo haben sie das gemacht?
Was haben sie dann gemacht?
Was haben sie im Schwimmbad gemacht?
Was kann man auch machen, wenn man will?
Was haben sie später gemacht, als sie müde waren?

2 .

Was haben Mutter und die zwei Kinder gestern gemacht?
Was haben sie mitgenommen?
Was hat die Mutter zuerst gekauft?
Wo hat sie das gemacht?
Was kann man auch da kaufen?
Wohin sind sie dann gegangen?
Warum?
Wie sind sie später nach Hause gefahren?

3

Wann sind Peter und Liesel gestern aufgestanden?
Was haben sie dann gemacht?
Was hatten sie an?
Wohin sind sie gegangen?
Wer ist mitgegangen?
Was haben sie da gefunden?
Was haben sie dann gemacht?
Was machte die Mutter, als sie nach Hause kamen?

4

Wo waren Hans und Karl?
Was hatten sie mit?
Wo haben sie gewartet?
Wer hat sie da getroffen?
Wohin sind sie dann gefahren?
Wie sind sie gefahren?
Sind sie spät angekommen?
Wie hat Hans gespielt?

ANSWERING LETTERS

Write replies to the following letters, answering the questions they contain and giving information which may be of interest to your friend.

1

den 10. Januar

Lieber Tom!

    Vielen Dank für Deinen Brief. Was Du über die Ferien geschrieben hast, habe ich sehr interessant gefunden. Wie lange warst Du eigentlich da? Was hast Du abends gemacht? Wir sind einmal auch Camping gegangen, aber am Abend war es furchtbar langweilig. Wir freuen uns schon auf die nächsten Sommerferien. Du auch?
    Wir bekommen jetzt sehr viel Arbeit in der Schule. Der Direktor hat sich sehr über unsere Arbeit geärgert, und jetzt bekommen wir jeden Tag drei Stunden Hausaufgaben (außer Sonntag natürlich!) Wie ist es bei Euch in der Schule? Wieviele Hausaufgaben bekommt Ihr? Und was passiert, wenn die Aufgaben den Lehrern nicht gefallen?
    Wann hat Deine Schwester Geburtstag? Ich möchte ihr eine Karte und ein kleines Geschenk schicken, aber ich habe das Datum vergessen.
    Schreib mir bitte bald.

Herzliche Grüße,
Günter

2

den 10. Mai

Lieber Ian!

    Vielen Dank für Deinen Brief. Ich finde die Pläne für die Schulreise nach Österreich sehr interessant. Wann fahrt Ihr? Und wohin? Nach einer Stadt oder einem Dorf? Was wollt Ihr da machen?

Vielleicht möchtest Du Deine Reise unterbrechen, wenn Du nach Hause fährst. Du könntest dann eine Woche bei uns bleiben. Darfst Du das machen?

Heute hat unser Englischlehrer uns viel über das Leben in England gesagt. Könntest Du mir vielleicht etwas darüber schreiben? Wann ißt man in England das Frühstück und das Mittagessen und was ißt man? Was ist die Hauptmahlzeit?

In der Schule sprechen wir jetzt viel über die Sommerferien. Letztes Jahr hatte mein Vater nur acht Tage Urlaub, und wir sind zu Hause geblieben. Was hat Deine Familie letztes Jahr in den Ferien gemacht? War's schön?

Schreib' bald wieder,

Dein
Hans

(*West Midlands Examination Board*)

3

den 5. Juni

Liebe Anne!

Vielen Dank für Deinen langen und interessanten Brief. Ich habe so lange darauf warten müssen, ich glaubte, Du hattest meine Adresse vergessen.

Wie geht es Deinem Bruder Eddie jetzt? Ist er immer noch im Krankenhaus?

Du hast mich gefragt, wie ich das Wochenende verbringe. Am Samstagmorgen habe ich Schule natürlich, aber nachmittags mache ich einen Stadtbummel genau wie Du und kaufe mir manchmal eine Schallplatte oder so was. Kaufst Du Dir auch Platten? Am Sonntag fahre ich meistens auf das Land oder in die Berge. Du auch? Was machst Du da?

Zu Ostern habe ich Dir ein Paket geschickt. Hast Du es erhalten? Schmeckt Dir deutsche Schokolade?

Das Wetter bei uns ist jetzt schön warm, und wir freuen uns schon auf die Ferien. Was für Pläne für die Sommerferien hat Deine Familie gemacht?

Herzlichst,
Deine Heilgard

(*West Midlands Examination Board*)

Köln, den 8.3.

Lieber John!

Vielen Dank für Deinen letzten Brief, der vor einigen Tagen hier ankam, und in dem Du mir schriebst, daß Du im Sommer zu uns kommen kannst.

Gib mir bitte noch das Datum Deiner Ankunft und die genaue Zeit, falls Du mit der Bahn kommst. Auch möchte ich Pläne machen für unsere Ferien zusammen. Was möchtest Du gern tun und sehen? Gehst Du gern schwimmen? Du warst doch schon einmal am Rhein, nicht wahr? Du schriebst mir davon. Was hast Du schon gesehen?

Bitte schreibe mir bald!

Viele Grüße, auch an Deine Eltern

Dein

Joachim

(*S.E. Regional Examinations Board*)

5   den 15. April

Liebe Barbara!

Endlich haben wir keinen Schnee mehr. Er liegt jetzt nur auf den Bergen; hier unten ist alles schön grün geworden. Wie war der Winter bei Dir?

Meine Verwandten waren wegen des Wintersports hier, aber jetzt sind sie Gott sei Dank wieder nach Hause gefahren. Bekommst Du oft Besuch? Gefällt es Dir?

Heute morgen hat die Sonne ganz warm geschienen, und in der Pause haben wir alle über unsere Pläne für die Sommerferien gesprochen. Wann beginnen Deine Ferien? Was für Pläne hast Du? Mit wem fährst Du? Was willst Du da machen? Letztes Jahr war ich in Rimini. Das war prima.

Bitte schreib mir schnell.

Mit herzlichen Grüßen,

Otto

(*West Midlands Examination Board*)

Kassel, den 14. April

Liebe Susan!

Vielen Dank für Deinen letzten Brief. Wie schön, daß Du zu uns kommen willst. Ich habe meine Eltern schon gefragt, ob es geht, und sie freuen sich auch auf Dich. Also komme sobald du kannst.

Bitte schicke mir vorher noch ein Bild von Dir. Sonst weiß ich ja nicht, wie Du aussiehst, und finde Dich dann nicht auf dem Bahnhof. Dazu kannst Du mir auch schreiben, was Du tragen wirst, (ich meine, an Kleidung), welche Farbe Deine Haare sind, und wie Dein Koffer aussieht. Auch muß ich wissen, wann Dein Zug ankommt (Tag und Uhrzeit).

Ich hoffe, bald von Dir zu hören!

Viele Grüße, auch von meinen Eltern,
Dein Wolfram

(*S.E. Regional Examinations Board*)

Düsseldorf, den 3.5.

Lieber Steven!

Nach langem Warten erhielt ich heute endlich Deinen Brief. Recht vielen Dank. Was war denn eigentlich los, warum hast Du nicht früher geschrieben?

Nun ist der Frühling da, und ich helfe meinem Vater oft im Garten. Dafür gibt er mir etwas mehr Taschengeld. Wie sieht es denn in Eurem Garten aus? Ich weiß, Du bekommst extra Taschengeld, wenn Du Deinem Vater beim Autowaschen hilfst. Was tust Du mit diesem Geld?

In der letzten Woche besuchte ich meine Tante in Köln. Sie hat mir viel Interessantes gezeigt, ich liebe das Leben in einer Großstadt. Was kann man in London sehen und tun, wenn ich im August komme?

Natürlich sorgt sich meine Mutti wegen meiner Englandreise. Kannst Du mir bitte genau schreiben, wie ich zu Euch nach Hause komme? Ich treffe am 2. August um 15.10 Uhr auf dem Victoria Bahnhof in London ein.

Wie schön, daß Du einem Fahrradklub beigetreten bist. Wieviel kostet das im Jahr? Bestimmt machst Du schöne und lange Fahrten. Erzähle mir bitte etwas von den Radtouren. Was hast Du denn mit Deinem kleinen Boot gemacht?

An meinem Geburtstag hat mich meine Schwester Ilse mit einem grünen Pullover überrascht, sie hatte ihn abends in ihrem Zimmer gestrickt. Wie geht es Deiner Schwester Valerie? Was tut sie? Ist sie auch praktisch wie Ilse?

Letzten Winter hattest Du Dir beim Eislaufen das Bein gebrochen. Wirst Du in diesem Sommer wieder am Sport teilnehmen können? Für welche Sportarten interessierst Du Dich besonders? Wann trainierst Du?

Jetzt habe ich so viele Fragen gestellt und will Schluß machen. Laß mich nicht zu lange auf Antwort warten.

Viele Grüße von uns allen hier.

Dein Helmut

(*Southern Regional Examinations Board*)

8

Lindenberg, den 11. April

Liebe Margaret!

Drei Tage bin ich nun schon wieder zu Hause, und es ist höchste Zeit, Euch allen für die herrlichen Ferien zu danken, die ich bei Euch in England verbringen durfte. Hoffentlich hat mein Besuch Deiner Mutter nicht zu viel Arbeit gemacht! Wir Deutschen essen doch so viel!

Als ich vorgestern hier meine Koffer auspackte, habe ich gemerkt, daß ich meine Kamera nicht mehr hatte. Ich habe keine Ahnung, wo sie sein kann. Hast Du sie vielleicht in meinem Zimmer gefunden? Vielleicht ist sie unter dem Bett oder im Schrank.

Wenn Du sie findest, schicke sie mir doch bitte. Kann man so etwas mit der Post bei Euch schicken, oder wie? Es tut mir leid, Dich darum bitten zu müssen.

Nochmals herzlichen Dank für alles!
Viele Grüße an alle,

Dein Kurt

(*S.E. Regional Examinations Board*)

9

München, den 12.3.

Lieber Norman!

Nun ist es aber höchste Zeit, daß ich Deinen langen Brief mit den Fotos von Irland beantworte. Das Foto von dem Bauernhaus Deines Onkels hat mir sehr gefallen. Was hast Du in den vier Wochen im August auf dem Bauernhof alles getan, und wie ist das Leben dort? Ich war nämlich noch nie auf einem Bauernhof.

Wie schade, daß Du einige Tage in Irland bei Deinen Verwandten krank warst. Wie hast Du denn die drei Tage im Bett verbracht? Wie oft kam der Arzt? Ich konnte das in Deinem Brief nicht lesen.

Nun muß ich Dir etwas Schönes schreiben: letzte Woche habe ich in der Schule einen Preis bekommen, eine Kleinbildkamera. Ich bin sehr stolz darauf. Wie ist denn eine Preisverteilung in England? Das mußt Du mir mal genau erzählen.

Du kannst also nicht mehr im Schwimmbecken Eurer Nachbarn schwimmen, weil Familie Green sehr böse auf Dich ist. Nun sage mir aber mal, warum Greens nicht mehr mit Dir sprechen, was ist passiert?

In zwei Wochen habe ich Geburtstag, dann werde ich fünf Klassenkameraden (Klassenkameradinnen) zu Kaffee und Kuchen einladen. Unten im Keller haben wir viel Platz zum Spielen und können so laut sein, wie wir wollen. Wie feierst Du Deinen Geburtstag? Wann hast Du übrigens Geburtstag?

Jetzt schneit es wieder, und es ist doch schon März. Meine Eltern freuen sich auf den Sommer, aber ich treibe viel Wintersport. Wie amüsieren sich die Kinder in England im Winterwetter?

Nun muß ich noch etwas fragen. Warum fährt Dein Vater zwei Monate nach Amerika, und warum kann Deine Mutter nicht mitfahren? Sie ist wohl traurig darüber, nicht wahr?

Das ist alles, ich muß noch an meinen Großvater schreiben und mich für ein Buch bedanken.

Dir und Deiner Familie herzliche Grüße,

Dein

Armin

(*Southern Regional Examinations Board*)

10

Hamburg, den 9. Mai

Liebe Helen!

Vor einer Woche kam Dein Brief hier an. Vielen Dank! Nun muß ich Dich schon wieder um etwas bitten: In der Englischstunde hat uns der Lehrer viel über England erzählt, und ich kann mir nicht denken, daß alles so ist, wie er sagt. Er erzählte uns zum Beispiel, daß die englischen Polizisten keinen Revolver tragen. Stimmt das? Und wie ist das an den Autobushaltestellen? Steht man da wirklich Schlange? Das kann ja stundenlang dauern, bis man mitfahren kann! Kannst Du mir etwas über die Schuluniformen schreiben? Ich habe ein Bild von Eton gesehen. Das sieht ja sehr komisch aus! In England scheint alles ganz anders zu sein wie hier. Ich muß einmal kommen und Dich besuchen.

Bitte schreibe mir bald! (Auf deutsch, bitte, denn mein Englisch ist noch sehr schlecht!)

Viele Grüße

Dein Jürgen

(*S.E. Regional Examinations Board*)

PICTURE STORIES

On the following pages there are six stories in pictures to form the bases of essays. Always write your essays to the specifications of the examination you will be entering. Usually you will be expected to write in the Past Tense.

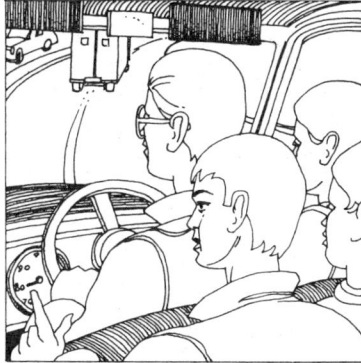

OUTLINES FOR NACHERZÄHLUNG

(The texts of the original passages are to be
found at the end of the book, p. 236)

1. THE UNCONNECTED TELEPHONE

Rechtsanwalt (lawyer) - Büro - Schreibtisch - Klient - Schritt -
Treppe - Arbeitszimmer - Fernsprechnetz anschließen - Hörer -
Gespräch - Apparat - Sekretärin - Bankier - erwarten - unter-
brechen - lächeln - von der Post.

(East Midlands Regional Examinations Board)

2. PAINFUL RIDING LESSONS

Christa Körfer - Angst haben vor - Sportlehrerin werden - die
Reitstunde - das Stück Zucker - die flache Hand - nervös - die
Fingerspitzen - rutschen - beißen - sich freuen - schmerzen - hoch
zu Pferd - galoppieren - auf das Kommando - die Halle - stehen
bleiben - Christa fiel - die braunen Pferdeaugen - nie.

(Southern Regional Examinations Board)

3. ONE IN A MILLION

Der Direktor - beschließen - der Kunde - feiern - der Haupteingang
- geschmuckt - die Musikkapelle - bereit - betreten - summen -
begrüßen - überreichen - der Zeuge - natürlich - führen - erstaunt -
die Bedienung - schlecht.

(East Midlands Regional Examinations Board)

4. A WEEKEND ADVENTURE

Geburtstag - neue Angelrute - Frühstück - Freund treffen - zum See fahren - Mann da - nicht der Förster - Aktentasche - ins Wasser tauchen - die Worte DORTMUNDER BANK - die Sache melden - Pech - Streifenwagen - Anton Stresemann.

5. A SURPRISE

Herr und Frau Müller - Peter und Susi - der Wohnwagen - weniger Arbeit - eine schöne Überraschung - baden - in Ordnung bringen - Salat - Kartoffeln - der Topf - der Gaskocher - etwas Salz - die Plastikdose - schäumen - Frankfurter Würstchen - reichlich auf die Teller - der Bissen - schmecken nach - Seifenpulver - falsch.

(Southern Regional Examinations Board)

5

How to do well in your oral test

It is important to approach this test *with the right attitude*. The examiner is not looking for the candidate who makes least errors, for if this were so the defensive stone waller who says only *Ja, Nein* and *Ich weiß nicht* would score full marks! Instead he is trying to measure your skill at expressing yourself in German. He is going to give you marks for what you can do; the more you say, the more you *show* you can do, the more marks you are likely to get.

Having cast aside your inhibitions it is important also to consider what goes to make up this skill of expressing yourself. There is much more to it than knowing the right vocabulary. To take a simple example: the question is asked *Was machst du heute abend?* The reply *gehen Kino* would strike everyone as feeble and yet it contains the two basic words of vocabulary required. The perfect answer only comes when these two words are manipulated to provide *Ich gehe ins Kino*. It is the extent to which you can manipulate and control your German which the examiner is trying to measure.

So the examiner will have this in mind when he chooses his questions. For example, he will ask you questions which require answers in a Past Tense to give you the chance to show whether you can do this. He will probably do this several times to make sure that the first attempt was, if right, not just good luck, and, if wrong, not merely a slip of the tongue.

Some mistakes he will regard as more important than others. Mistakes of gender or of not knowing a particular word will not

81

interest him greatly since they apply only to one word and will not affect your knowledge of the rest of the German language. On the other hand, if you show you do not know your verb endings this will be serious, since it will affect all your German.

DO'S AND DON'TS

1. *Before the examination*
Practise.
Practise all the aspects of manipulating language mentioned in the practice exercises which follow until you are sure you are the master of them. Team up with someone and practise the exercises together.
Think what questions you may be asked about yourself (e.g. hobbies) and decide *in detail* how you will deal with them.
Practise steadily throughout the year. It can't be done in the week before the examination.

2. *During the examination*
Speak out and speak up.
Don't worry about making mistakes.
Don't be on the defensive. If you see an opportunity take the initiative (e.g. if asked about your holiday plans reply with several sentences).
Don't think you always have to reply in complete sentences.
Your replies should be natural, to the point and delivered at a normal speed.
Remember, the more you show you can do the more marks you will get.

6
Material for oral practice

PICTURES FOR USE IN ORAL TESTS

ROLE–PLAY SITUATIONS

1

You want to go to the castle in a town you are visiting and you have gone up to a policeman.

(a) Ask him the way to the castle.
(b) When he tells you to get the tram ask him where the nearest stop is.
(c) Then ask when the next tram leaves.
(d) Finally ask whether the castle is open today.

2

You have gone with a friend for a meal at a *Gasthaus*.

(a) Ask him if he likes the inn.
(b) Then thinking of what you are going to order, suggest a main dish (any *suitable* one you can think of).
(c) Then ask him if he prefers wine or beer with it.

3

You are with a friend.

(a) Ask him what he is going to do tonight.
(b) When he says he doesn't know, suggest going to the cinema together.
(c) When he agrees arrange to meet in the market place at 7 o'clock.

4

You are visiting your penfriend and are talking to her brother about his job.

(a) Ask him where he works.
(b) When he tells you, ask him if he likes it.
(c) Then ask what time work starts in a morning.
(d) Finally ask how he gets to the factory.

You are in a shop. When the assistant approaches you,

(*a*) say you want to buy a sweater.
(*b*) When you are offered a choice say you prefer the dark-blue one.
(*c*) Then ask the price.
(*d*) When you learn that it costs DM 70 say this is too dear for you.

6

You are staying with a penfriend and you are telling his father what you are going to do that morning.

(*a*) Say you are going to town to do some shopping.
(*b*) When he asks you what you are going to buy, say a sweater.
(*c*) When he asks you how you will get there, say you will walk.
(*d*) When he suggests you may not be able to find the way, say you went last week also.

You are in a restaurant with a friend.

(*a*) Ask him what he would like to eat.
(*b*) When he replies *Wienerschnitzel* ask him what he would like to drink with it.
(*c*) Then tell him you were here yesterday.
(*d*) That you had *Wienerschnitzel* then also.
(*e*) And that they were very good.

You are travelling through Germany with your family when you stop at a filling station. When the attendant comes, you do the talking.

    (*a*) Ask for 30 litres of petrol and 1 of oil.
    (*b*) Ask what is the total cost.
    (*c*) When the attendant tells you, he also asks you where you have come from and you reply, from England.
    (*d*) When he asks you if this is your first visit to Germany, say no, you made a journey through South Germany in 1972.

You are talking to a friend about the holidays.

    (*a*) Say you would like to go to Spain in the summer.
    (*b*) When he asks how you intend to get there, say you are going by plane.
    (*c*) Say that your sister is going with you. She is two years older than you.
    (*d*) When your friend says he is planning to go to Holland, say you went there last year and the weather was terrible.

You are at a party. Tell your hostess

    (*a*) that you have enjoyed the party very much;
    (*b*) that the food was excellent;
    (*c*) but that you must go now;
    (*d*) your last train leaves at 11.30.

On your way through Germany you book in at a *Gasthaus* in a small German town and then make some enquiries as to how you can spend the evening.

(*a*) Ask the proprietor if there is a cinema in the town.
(*b*) On learning that there is, ask if it is open this evening.
(*c*) When this is confirmed ask what the film is.
(*d*) Then ask when the film begins and how to get to the cinema.

12

You are at the railway station ticket office.

(*a*) Ask for a second-class return to Frankfurt.
(*b*) Ask when the next train departs.
(*c*) On being told, ask if it has a dining car,
(*d*) when it arrives in Frankfurt,
(*e*) from which platform it leaves.

13

You and your friend are booking in at a Youth Hostel.

(*a*) Say you have come from München.
(*b*) Say you want to go skiing.
(*c*) Ask if there is plenty of snow.
(*d*) On being told that there is, ask if it is possible to hire skis.

14

You are giving a friend instructions how to reach your house.

(*a*) Tell him to take a bus to the *Stern* cinema.
(*b*) Say your house is opposite the cinema.
(*c*) When he asks what time he should come, say on Sunday at half past six.
(*d*) Add that you have invited two more friends also.

15

You are talking to a friend about the coming weekend.

(*a*) Ask him what he's going to do on Sunday.
(*b*) Say you are going to the football match and

(*c*) would he like to come with you.

(*d*) When he says yes and mentions that last Sunday's game was a good one, say you went to the seaside with your family last Sunday.

16

You are talking to someone about their hobbies.

(*a*) Ask what his hobbies are.

(*b*) When he tells you, ask which he likes best.

(*c*) Ask how often he goes,

(*d*) and how much it costs.

17

At a Tourist Information Bureau you ask

(*a*) what films are showing. On being told 'Dr. Zhivago', ask

(*b*) what language it is in,

(*c*) when it starts, and

(*d*) how dear the seats are.

18

On a cycling holiday you stop a passer-by and ask

(*a*) the way to *Bundesstraße* 19.

(*b*) When you are told to go to *Viersen*, ask if you turn left or right there.

(*c*) Ask how far it is,

(*d*) and if there is a café there, as you are so thirsty.

19

You are flying to Germany and are about to land. Ask the hostess

(*a*) if there is a bus to the city there. On being told yes, ask

(*b*) how long the journey takes,

(*c*) if you go through the customs first

(*d*) and when you collect your luggage.

You are spending a camping holiday with your family in Germany and you have gone to the grocer's in a neighbouring village.

(*a*) Ask for 2 lbs sugar, 1 lb butter, 10 eggs, 6 rolls.
(*b*) Ask what it all costs.
(*c*) Ask where you can buy meat. When you are told the butcher's is opposite the church,
(*d*) ask how to get there.

Comprehension Practice

This section is arranged as follows:

1. Passages for Reading Comprehension with questions in English. (For passages with questions in German see p. 26 in the Use of German section.)
2. Examples of Multiple Choice Reading Comprehension.
3. Questions on twenty Aural Comprehension passages.

HOW TO DO COMPREHENSION

When tackling a comprehension passage first concentrate on the story line. Do not look for the answers straightaway, and do not be put off by the various words you don't know. This is particularly important with Aural Comprehension for, unless you concentrate only on the story, you will probably not follow what the speaker is saying.

The time to study the questions comes when you have a fair idea of the general story and you are ready to tackle details.

When you are writing your answers make sure you are including all the details required.

91

7

Passages for reading comprehension

1. A VISIT TO FRANKFURT

Karl und Ingrid wohnen in Frankfurt am Main. In den letzten Osterferien war ihr Freund Robert, ein junger Waliser, bei ihnen zu Besuch.

An einem regnerischen Nachmittag beschlossen sie, in die Stadt zu fahren. An der Ecke stiegen sie in eine Straßenbahn ein, und eine Viertelstunde später stiegen sie am Hauptbahnhof wieder aus.

Zuerst wechselte Robert etwas englisches Geld in deutsches Geld um. Dann gingen sie in ein Cafe. Ohne Mühe fanden sie einen freien Tisch. Eine Kellnerin kam auf sie zu und sagte:

,,Bitte, was wünschen Sie? "

Karl fragte Robert: ,,Was trinkst du lieber? Kaffee, Tee, Limonade, Apfelsaft? "

,,Ich möchte Kaffee haben, bitte", antwortete er. ,,Ich auch", sagte Ingrid.

Zur Kellnerin sagte Karl: ,,Also, dreimal Kaffee, Fräulein. Wir wollen den Kuchen selber aussuchen."

Ingrid ging an die Theke und wählte für sie drei Stück Obsttorte mit Schlagsahne. Kaffee und Kuchen schmeckten wirklich wunderbar, und während sie dort saßen, besprachen sie, was sie nachher machen wollten. Schließlich entschieden sie, das berühmte Goethehaus zu besuchen, weil es sich in der Nähe befand.

Die Kellnerin brachte die Rechnung, Karl zahlte, und alle drei gingen erfrischt in den Regen hinaus.

1. When was Robert in Frankfurt?
2. What nationality was he?
3. How did they travel into town?
4. Where did they get out?
5. What did Robert do first of all?
6. What exactly did Karl order from the waitress?
7. What sort of cake did Ingrid choose?
8. What did they discuss?
9. Why did they decide to visit the Goethehaus?
10. Who paid the bill?

(Welsh Joint Education Committee)

2. BOYS TALK ABOUT A HOLIDAY IN AUSTRIA

„Kommst du auch mit? " fragte Werner seinen Freund während der Pause auf dem Schulhof.

„Nach Österreich, meinst du? "

„Ja, du weißt doch, die Klasse geht auf drei Wochen in den Osterferien nach Salzburg. Ich spare schon Geld. Meine Eltern haben mir versprochen, die Hälfte zu bezahlen. Aber da bleiben für mich immer noch hundert Mark. Ich muß Geld verdienen. Ich muß jede Woche fünfundzwanzig Mark verdienen."

„Aber wie kannst du das machen? " fragte Fritz.

„Ach, das ist gar nicht so schwer: Ich mache für meine Mutter Einkäufe, ich wasche meinem Vater den Wagen . . . Dabei fällt mir ein: Kann ich euren Wagen vielleicht auch waschen? "

„Leider haben wir keinen Wagen mehr. Unser alter VW kostete zu viel an Reparaturen; so haben wir ihn vor sechs Wochen verkauft. Mein Vater benutzt das Auto vom Geschäft, und meine Mutter und ich müssen laufen oder mit der Straßenbahn fahren."

„Das tut mir leid, Fritz! Aber ich habe deine Mutter neulich gesehen. Das Laufen tut ihr gut. Sie ist viel dünner geworden!"

„Danke, Werner, das werde ich ihr sagen. Da freut sie sich bestimmt. Also, mit Österreich wird das nichts. Ich kann leider nicht mitkommen. Meine Großmutter hat ihren siebzigsten Geburtstag während der Osterferien, und da gibt es natürlich eine große Familienfeier. Ich muß dabei sein. Viel lieber möchte ich mit euch fahren. Aber da klingelt es. Wir müssen schnell in die Klasse. Bei unserem Deutschlehrer muß man pünktlich sein."

1. How many weeks is it until Werner's class set out on their trip to Austria?
2. How much does the trip cost?
3. How does Werner get the money?
4. How long have Fritz and his family been without a car?
5. How do they get about?
6. Who has obviously benefited from being without a car?
7. What must Fritz do during the Easter holidays?
8. What would he rather do?
9. What is their next lesson?
10. Why do they suddenly interrupt their conversation?

(S.E. Regional Examinations Board)

3. LETTER FROM A PENFRIEND

Liebe Briefpartnerin!

Ich heiße Evi Schmidt und wurde am 13. 12. 54 als Tochter eines Beamten geboren. Am Stadtrand, da wo der Wald beginnt, besitzen wir ein kleines Haus mit Garten. Außer meinen Eltern und mir wohnen hier noch meine Großmutter und meine beiden Brüder im Alter von 9 und 10 Jahren. Die beiden sind rechte Bengel, aber zur Not kann man doch ganz gut mit ihnen auskommen. Seit ich auf dem Gymnasium bin (ich habe vorher 4 Jahre lang die Volksschule besucht), lerne ich Englisch. Obwohl mein Englisch nicht besonders gut ist, spreche ich diese Sprache doch sehr gern und stehe seit einiger Zeit im Briefwechsel in englischer Sprache mit einer Inderin.

Meine Hobbies sind Lesen, Tanzen und Pop-Musik. Leider besitze ich nur sehr wenige Schallplatten, aber zum Glück kann ich so oft ich will, Radio hören.

Ich möchte viel und weit reisen, bin aber noch nicht im Ausland gewesen.

Wie man vielleicht diesem kurzen 'Lebenslauf' entnehmen kann, suche ich eine Engländerin, die möglichst einen Teil meiner Interessen teilt, um erst mit ihr in Brief- und Paketwechsel zu stehen, und später auch im Austausch zu ihr zu fahren. Natürlich soll sie mich dann auch besuchen.

Herzliche Grüße
Evi

1. What is Evi's father?
2. Where is their house?
3. Who lives in the house?
4. How long has she been learning English?
5. How has she been using her English?
6. What makes up for her shortage of pop records?
7. What ambition does she have?
8. Why is she looking for an English penfriend?

4. AN OBSERVANT BOY PREVENTS A THEFT

Die beiden Freunde standen auf dem Bahnsteig und warteten auf den Zug, der sie nach Hause bringen sollte. Sie wohnten in einem Dorf etwa 15 Kilometer entfernt, kamen aber jeden Tag in die Stadt, um das dortige Gymnasium zu besuchen. Jetzt war es halb zwei und sie hatten noch zehn Minuten bis zur Abfahrt ihres Zuges. An der anderen Seite des Bahnsteigs war der D-Zug aus Wien eben eingefahren. Eine Menge Leute wollte einsteigen; darunter war eine elegante Dame, die einen Koffer und einen Korb trug, in dem ihre Handtasche lag.

In dem Moment, wo die Menge vordrängte, um in den Zug zu kommen, trat ein Mann vor, nahm die Handtasche scheinbar unbemerkt und ließ sie gleich in eine Aktentasche fallen. Aber der jüngere Schüler hatte doch bemerkt, was geschehen war, rief der Dame zu und sprang dem Dieb nach.

Der Dieb, ein kleiner dünner Mann in einem schmutzigen grauen Anzug, merkte, daß man ihn entdeckt hatte und verschwand unter den vielen Leuten. Zuerst war er nicht zu erspähen, aber dann sah man, wie er in die eine Tür der Imbißstube eintrat, um sofort aus der anderen hinauszugehen und die andere Seite des Bahnsteigs entlangzuschleichen. Aber dann waren sie sofort wieder auf seinen Fersen und holten ihn an der Sperre ein.

1. Where did the boys live?
2. Why were they regular travellers?
3. What time was their train?
4. Describe the scene on the platform.
5. What town had the express come from? (Give its English name.)

95

6. What was the lady carrying?
7. What did the thief steal and how had she been carrying it?
8. When did the thief take it?
9. What did he do with it?
10. Describe the thief.
11. What did the boy do first when he noticed the theft?
12. What did the thief do when he realised he had been discovered?
13. Where did they eventually catch sight of the thief?
14. What was he trying to do?
15. Where did they finally catch up with him?

(*West Midlands Examination Board*)

5. A BOY GOES HOME FOR THE HOLIDAYS

Wie ich in die Osterferien gefahren bin, hat die Tante Fanny gesagt:

„Vielleicht kommen wir zum Besuch zu deiner Mutter. Sie hat uns so dringend eingeladen, daß wir sie nicht beleidigen dürfen."

Und Onkel Pepi sagte, er weiß es nicht, ob es geht, weil er soviel Arbeit hat, aber er sieht es ein, daß er den Besuch nicht mehr hinausschieben darf. Ich fragte ihn, ob er nicht lieber im Sommer kommen will, jetzt ist es noch so kalt, und man weiß nicht, ob es nicht auf einmal schneit. Aber die Tante sagte: „Nein, deine Mutter muß böse werden, wir haben es schon so oft versprochen." Ich weiß aber schon, warum sie kommen wollen; weil wir auf Ostern das Geräucherte haben und Eier und Kaffeekuchen, Onkel Pepi ißt so furchtbar viel. Daheim darf er nicht so, weil Tante Fanny gleich sagt, ob er nicht an sein Kind denkt.

Sie haben mich an den Postbus begleitet.

Ich habe mich geärgert, daß sie mich begleitet haben, weil ich mir Zigaretten kaufen wollte für die Heimreise, und jetzt konnte ich nicht. Der Fritz war aber im Autobus und hat zu mir gesagt, daß er genug hat, und wenn es nicht reicht, können wir im Bahnhof in Mühldorf noch Zigaretten kaufen.

Geräucherte, *smoked meat*

After Ludwig Thoma, *Lausbubengeschichten*

1. What time of the year was it?
2. Why was the boy at his aunt's?
3. What were his aunt and uncle preparing to do?
4. What reason did they give?
5. How did the boy try to make them change their minds?
6. What was the real reason for wanting to come?
7. Why was the boy annoyed that they were going to travel with him?
8. Where was his friend going to stock up?
9. By what means of transport did he travel to get home?

6. ARRIVAL AT THE HOTEL

Am Dienstag kam Fräulein Ilse mit dem Autobus in Stuttgart an. Sie wollte zwei, drei Tage dort verbringen, ehe sie nach Österreich weiterfuhr.

Eine Freundin hatte ihr ein bequemes, modernes Hotel in der Nähe vom Marktplatz empfohlen. Sie fand es schnell, trat ein und ging auf die Empfangsdame zu, die sie höflich begrüßte:

„Guten Abend, Fräulein, kann ich Ihnen helfen? "

„Ich möchte ein Einzelzimmer, bitte. Haben Sie eines frei? "

„Für wieviele Tage? "

„Zwei oder vielleicht drei."

„Einen Augenblick, bitte. Wir haben Zimmer Nr. 7 im ersten Stock mit Bad—24 Mark pro Tag."

„Das ist ein bißchen teuer. Haben Sie etwas Billigeres? "

„Jawohl, Zimmer Nr. 25 im dritten Stock ohne Bad zu 18,50 Mark."

„Schön. Ich nehme dieses."

Die Empfangsdame reichte Fräulein Ilse den Meldezettel, den sie sofort ausfüllte. Dann fragte sie:

„Haben Sie viel Gepäck, Fräulein? "

„Nur diesen Koffer und mein Handgepäck."

Die Empfangsdame rief den Portier, gab ihm den Schlüssel des Zimmers und bat ihn, Fräulein Ilse den Weg zu zeigen und das Gepäck hinaufzubringen.

1. On what dáy of the week did Fräulein Ilse arrive in Stuttgart?
2. To which country was she travelling afterwards?
3. How did she come to choose this particular hotel?
4. How long did she intend staying in Stuttgart?
5. Where was the room she was first offered situated?
6. Why did she not take it?
7. What was the difference in price between the two rooms?
8. What luggage did Fräulein Ilse have?
9. What did the receptionist give the porter?
10. What was he asked to do?

(Welsh Joint Education Committee)

7. FALSE ALARM

Fritz Bohringer saß im Büro und kaute an seinem Frühstücksbrot, als plötzlich die Tür aufgerissen wurde und ein Polizist hereinstürmte und fragte, ob er Böhringer heiße. Als Fritz ja sagte, riß der Polizist ihm das Brot aus der Hand, packte ihn am Arm und befahl ihm, sofort mitzukommen. Fritz wurde totenblaß und stammelte verwirrt: ,,Was habe ich denn gemacht? " Doch schon wurde er durch die Tür gezerrt und in ein bereitstehendes Polizeiauto geschoben. Der Motor heulte auf, und der Wagen sauste davon. ,,Können Sie mir nicht endlich erklären, warum . . . . ? " ,,Ja", sagte der Polizist. ,,Sie sind in höchster Lebensgefahr. Ich schaffe Sie ins Krankenhaus. Ihre Frau hat uns alarmiert. Ohne es zu merken, hat sie Ihr Frühstücksbrot in ein Papier eingewickelt, in dem vorher starkes Rattengift verpackt war."

Dann kreischten die Bremsen, das Polizeiauto hielt vor dem Krankenhaus. Der Polizist stieß die Tür auf und Fritz folgte ihm mit schlotternden Knien. Der Arzt starrte Herrn Böhringer in die Augen und sagte: ,,Gott sei Dank, noch hat das Gift nicht voll gewirkt. Glauben Sie vielleicht, daß Ihre Frau das absichtlich getan hat? "

In der Tat, erst gestern abend hatten sie wieder gestritten. Aber das würde sie bestimmt nicht tun!

Jetzt aber fing der Arzt an, ihm den Magen auszupumpen. Das war keine angenehme Sache. Fritz mußte einen Schlauch schlucken und es wurde ihm furchtbar übel. Eine Viertelstunde später lag er blaß, elend und halbtot auf einem Bett. Da kam der Arzt wieder herein. Fritz fragte ihn, ob nun alles in Ordnung sei. „Alles in bester Ordnung", antwortete der Arzt. „Ihre Frau hat eben wieder telefoniert. Sie hatt sich geirrt. Sie hat das vergiftete Papier wiedergefunden!!"

1. What was Fritz Böhringer doing when the policeman arrived?
2. What did the policemen tell him to do?
3. Why was Fritz agitated?
4. Why was Fritz taken to the hospital?
5. How did the doctor begin his examination?
6. What did the doctor ask Fritz?
7. Why might Fritz have suspected his wife?
8. What treatment did Fritz receive in the hospital?
9. In what condition did the treatment leave him?
10. What were the contents of his wife's last telephone message?

(*N.W. Secondary School Examinations Board*)

8. UNCLE HELPS WITH THE HOMEWORK

Wenn ich wieder von der Schule heimkam, mußte ich mich gleich wieder hinsetzen und die Aufgaben machen. Der Onkel schaute mir immer zu und sagte: „Machst du es wieder recht dumm? Wart nur, du Lausbub. Ich komm dir schon nach."

Einmal mußte ich eine Arithmetikaufgabe machen. Die brachte ich nicht zusammen, und da fragte ich den Onkel, weil er zu meiner Mutter gesagt hatte, daß er mir helfen will. Und die Tante hat auch gesagt, daß der Onkel so klug ist, und daß ich viel lernen kann bei ihm.

Deswegen habe ich ihn gebeten, daß er mir hilft, und er hat sie dann gelesen und gesagt: „Kannst du schon wieder nichts, du nichtsnutziger Lausbub? Das ist doch ganz leicht."

Und dann hat er sich hingesetzt und hat es probiert. Es ging aber gar nicht schnell. Er rechnete den ganzen Nachmittag, und wie ich ihn fragte, ob er es noch nicht fertig hat, schimpfte er mich fürchterlich und war sehr grob.

Erst vor dem Essen brachte er mir die Rechnung und sagte: „Jetzt kannst du es abschreiben; es war doch ganz leicht, aber ich habe noch etwas anderes tun müssen, du Dummkopf."

Ich habe es abgeschrieben und dem Professor gegeben. Am Donnerstag kam die Aufgabe heraus, und ich meinte, daß ich einen Einser kriege. Es war aber wieder ein Vierer, und das ganze Blatt war rot, und der Professor sagte: „So eine dumme Rechnung kann bloß ein Esel machen."

After Ludwig Thoma, *Lausbubengeschichten*

1. What did he have to do every day, when he came home from school?
2. What was his uncle's attitude?
3. Give two reasons why the boy asked his uncle to help him.
4. What was his uncle's immediate opinion of the exercise?
5. How did the uncle react when his nephew asked if the work was finished?
6. When did the uncle finally bring the completed exercise?
7. What reason did he give for the delay?
8. What mark did the nephew hope to get?
9. What was the teacher's comment on the work?

9. A CHILDHOOD REFUGE

Als Helmut die alte Burg zum erstenmal besuchte, war sein Freund Ernst auch dabei. Die Burg stand oben auf dem Berg, und man mußte eine gute Viertelstunde durch die Weinberge hinaufklettern, um sie zu erreichen. An diesem Tage war das Wetter sehr warm und sie schwitzten sehr, als sie endlich den Gipfel erreichten. Wie herrlich war die Aussicht hier oben! Tief unten sahen sie den Rhein. Die Schlepper und Kähne auf dem Fluß, die Autos und Lastwagen auf der Straße sahen so klein wie Spielzeuge aus. Am anderen Ufer sahen sie das Dorf, wo sie jetzt wohnten, und die Fähre, womit sie vor einer halben Stunde herübergefahren waren, kam gerade an der Anlegestelle an.

So war es immer. Jedes Mal, wenn sie da waren, schauten sie über das ganze Land hinaus, manchmal mit einem Fernglas, das Helmuts Vater gehörte.

Aber interessant war auch das Gebäude selbst. Manchmal bestiegen sie den Turm oder gingen nach unten in die alten Keller. Oft spielten sie stundenlang da. Manchmal war Helmut der Kaiser und Ernst sein General. Zusammen verteidigten sie die Burg gegen einen unsichtbaren Feind, oder vielleicht wurde Ernst der Feind und griff an, indem Helmut den Turm verteidigte. Einmal gingen sie auch in die Keller und kochten Kaffee und Würstchen.

1. Where did Helmut and his friend like to go?
2. Where was it?
3. What did they pass through on the way?
4. What effect did the climb have on them the first time they went?
5. What was the first thing that impressed them?
6. Name three of the things which they could see on the river and on the road.
7. What did these things look like?
8. Where did the boys live?
9. How had they got across?
10. What did they do every time they went there?
11. What did they sometimes take with them?
12. What other attraction was there?
13. Name two places where they sometimes played.
14. Describe two games they played.
15. What else did they do on one occasion?

(*West Midlands Examination Board*)

10. BEFORE BREAKFAST

Es war halb elf. Ich steckte mir eine Zigarette an, schob das Kopfkissen hoch und malte mir aus, wie ich den Nachmittag verbringen würde. Ich wollte schwimmen gehen; nach dem Essen würde ich ins Strandbad fahren, würde ein bißchen schwimmen, lesen, rauchen und auf eine kleine Kollegin warten, die versprochen hatte, nach fünf ins Strandbad zu kommen. Ich sah das Grün der Bäume vor unserem Haus, hörte die Straßenbahn. Und ich freute mich auf das Frühstück. Dann kam die Mutter, um an meiner Tür zu horchen: sie ging durch die Diele, blieb vor meiner Tür stehen, es war einen Augenblick still in unserer Wohnung, und ich wollte gerade „Mutter" rufen, da klingelte es. Meine Mutter ging zur Tür und ich hörte unten dieses merkwürdig helle Brummen des Summers, vier-, fünf-, sechsmal brummte er, und meine Mutter sprach draußen mit Frau Kurz, die neben uns wohnte. Dann kam eine Männerstimme, und ich wußte sofort, daß es der Briefträger war, obwohl ich ihn nur selten gehört hatte. Der Briefträger kam in unseren Flur, meine Mutter sagte: „Was?" und der Briefträger sagte: „Hier — unterschreiben Sie bitte." Dann war es einen Augenblick sehr still, der Briefträger sagte: „Danke schön", meine Mutter warf die Tür hinter ihm zu, und ich hörte, daß sie in die Küche zurückging . . . .

Dann kam die Mutter mit der Kaffeekanne aus der Küche, und ich sah sofort, daß sie geweint hatte. Sie hielt in der einen Hand die Kaffeekanne, in der anderen ein kleines Päckchen Post, und ihre Augen waren gerötet.

From the story by Heinrich Böll, 'Als der Krieg ausbrach' in Heinrich Böll, *Erzählungen 1950—70,* by permission of Verlag Kiepenheuer & Witsch, Köln

1. What did he do as he lay in bed?
2. What did he intend to do at the swimming baths?
3. What could he see and hear of the outside world?
4. Why was he about to call Mother as the doorbell rang?
5. Who had rung the doorbell?
6. Who came into the hallway and what was his mother asked to do?
7. What was his mother holding when she finally came?
8. How did he know she had been crying?

11. A GERMAN FILM

Im Oktober 1966 sah man zum ersten Mal in den deutschen Kinos den Film „Katz und Maus", nach dem Roman gleichen Namens von Günther Grass. Der Held des Films ist Joachim Mahlke, der als Schuljunge den großen Wunsch hat, eine Uniform zu tragen. Von diesem starken Wunsch getrieben, stiehlt Mahlke eines Tages die Uniform eines Marineoffiziers. Nachdem man ihn als den Dieb entdeckt hat, muß er die Schule verlassen. Später aber wird er wirklich Marineoffizier. Er kehrt in seine alte Schule zurück, um den Schülern von seinem Leben bei der Kriegsmarine zu erzählen. Man hat aber nicht vergessen, daß er früher einen Diebstahl begangen hatte, und man hört seine Rede stumm und ohne Applaus an. Sein Besuch in der Schule nimmt ein unglückliches Ende. Traurig sucht Mahlke die Badeanstalt auf, wo er mit seinen Schulkameraden geschwommen hatte, springt ins Wasser und ertrinkt.

Die Hauptrollen in dem Film spielen die Schüler Lars und Peter Brandt. Söhne des Bundesaußenministers, Willi Brandt. Lars Brandt spielt den jüngeren Mahlke, während sein siebzehnjähriger Bruder den Offizier Mahlke spielt. In einem Interview sagte Peter: „Der Film hat mir großen Spaß gemacht. Aber Schauspieler werde ich nie." Jeder Junge erhielt 1000 Mark. Peter sagte: „Für das Geld mach' ich den Führerschein, und für einen alten Wagen muß es auch noch reichen."

1. What happened in October 1966?
2. Who is Günther Grass?
3. What was Joachim Mahlke's greatest desire?
4. Why was he expelled from school?
5. How did Mahlke later distinguish himself?
6. Why did Mahlke return to his old school?
7. What sort of reception did he have there?
8. What was the reason for this?
9. What happened at the bathing pool?
10. Who are Lars and Peter Brandt?
11. Which is the elder?
12. What did Peter say about making the film?
13. Does he want to become an actor?
14. How much money did he receive?
15. What two things does he hope to do with the money?

(*Associated Lancashire Schools Examining Board*)

12. THE UNWILLING NEIGHBOUR

Anton Huber war sehr ärgerlich. Er wollte mit Freunden, die er eingeladen hatte, heute abend fernsehen. Es gab einen Boxkampf. Alles war vorbereitet, er hatte Wein gekauft, Brote mit

Käse und Wurst fertig gemacht und sich Sessel geliehen, denn er hatte nur zwei. Aber eine halbe Stunde bevor die Gäste kamen, ging sein Fernsehapparat kaputt.

Wie schrecklich! Was sollte er machen? Er wollte zu seinem Nachbarn gehen und ihn um seinen Apparat bitten. Als er aber seine Wohnung verließ, dachte er an die Unterhaltung, die er mit seinem Nachbarn haben wird. Er hatte ihn nicht sehr gern.

„Mein Fernsehapparat ist kaputt, und ich habe Freunde eingeladen. Können Sie mir bitte Ihren leihen?"

„Ich . . . Ihnen leihen? Aber ich sehe doch gerade ein wichtiges Programm. Sie müssen Ihren Apparat ganz machen lassen."

„Dann muß ich aber drei Kilometer mit dem schweren Apparat gehen. Ich bin nicht sehr stark, und meine Freunde kommen in einer halben Stunde."

„Dann nehmen Sie doch ein Taxi."

In diesem Augenblick kam Anton an die Wohnungstür seines Nachbarn. Anton war nun sehr schlechter Laune. Er klingelte, und als sein Nachbar ihm aufmachte, sagte Anton:

„Ich will Ihren Apparat gar nicht mehr haben. Wir werden Karten spielen!"

Dann ging Anton fort. Sein Nachbar machte sehr erstaunt die Tür hinter ihm zu.

1. Why did Anton and his friends want to see a television programme?
2. Mention two things which Anton did in preparation for the evening.
3. Why and from where did Anton want to borrow a television set?
4. Why, according to Anton, would his request be refused?
5. Give two reasons why Anton did not have his set mended.
6. Why was Anton in a bad mood when he arrived at his destination?
7. How were Anton and his friends now going to spend the evening?
8. Why did Anton's call cause some astonishment to his neighbour?

(S.E. Regional Examinations Board)

13. MY FRIEND MAX

Mein Freund Max Liebermann besucht dasselbe Gymnasium wie ich in Hannover. Er hat einen Bruder, den zwölfjährigen Udo, und eine Schwester, Leni, die verheiratet ist. Sie wohnt aber noch in Braunschweig, wo die ganze Familie früher gewohnt hat. Herr Liebermann arbeitete nämlich in einer großen Autoreparaturwerkstatt da, aber als er eine neue Stelle als Flugzeugmechaniker beim Flughafen in Hannover bekam, da mußte die Familie vor zwei Jahren umziehen.

Jetzt wohnen die Liebermanns in einem Haus am Rande des Waldes, ein Kilometer von Berenbostel entfernt. In Braunschweig wohnten sie in einem großen Wohnblock in der Stadtmitte. Frau Liebermann gefällt das Leben auf dem Lande viel besser, denn sie hatte den Lärm des Verkehrs in Braunschweig gar nicht gern. Auch Udo hat das neue Haus gern, denn er interessiert sich für Tiere und verbringt viel Zeit im Wald.

Max aber gefiel das Leben in Braunschweig eigentlich viel besser. Er geht sehr gern ins Kino, in den Jugendklub oder mit seinen Freunden ins Café, und jetzt geht das nicht so einfach. Der letzte Bus fährt schon um 22 Uhr 10 vom Bahnhofsplatz in Hannover ab, und neun Kilometer zu Fuß am späten Abend macht ihm natürlich keinen Spaß. Jetzt spart er sein Geld, um einen Motorroller zu kaufen. Er ist im nächsten Monat schon achtzehn, und sein Vater hat gesagt, daß er dann Motorroller fahren darf.

1. What do Max and the writer of the passage have in common?
2. What other children do Herr and Frau Liebermann have?
3. Why does Max's sister no longer live with them?
4. What is Herr Liebermann's job?
5. How does this differ from the work he once did?
6. Why did the Liebermann family move house?
7. When did this occur?
8. What is next to their new home?
9. Mention two ways in which their new home is different from their old one.
10. What does Frau Liebermann think of her new home?
11. Why?
12. How does Udo spend his spare time?
13. What does Max like to do in his spare time?

14. State in detail how his activities are affected by where he lives.
15. How far is it from Hanover?
16. What can Max do in the future to overcome his difficulties?
17. What must he first do?
18. Exactly how old is he?

(West Midlands Examination Board)

14. BRENIG'S FIRST TAXI RIDE

Zum erstenmal in seinem Leben dachte er daran, ein Taxi zu nehmen, und er kam sich sehr erwachsen vor, zugleich ein wenig albern, als er über den Bahnhofsvorplatz zu den Taxis lief.

Er saß hinten im Wagen, hielt sein Geld in der Hand: 10 Mark, sein letztes Geld, das er reserviert hatte, um für Anna noch etwas Besonderes zu kaufen, aber er hatte nichts Besonderes gefunden, und nun saß er da mit seinem Geld in der Hand und beobachtete das Taxameter, das in kurzen Abständen — in sehr kurzen Abständen schien ihm — jedesmal um einen Groschen stieg, und jedesmal wenn das Taxameter klickte, traf es ihn wie ins Herz, obwohl die Uhr erst bei DM 2,80 stand. Ohne Blumen, ohne Geschenke, hungrig, müde und dumm komme ich nach Hause, und ihm fiel ein, daß er im Wartesaal sicher eine Tafel Schokolade bekommen hätte.

Die Straßen waren leer, das Auto fuhr fast geräuschlos durch den Schnee, und in den Häusern konnte Brenig hinter den erleuchteten Fenstern die Weihnachtsbäume brennen sehen. . . . Er erschrak, als der Fahrer sagte: ,,Da sind wir . . .'' Dann war er erleichtert zu sehen, daß das Taxameter auf DM 3,40 stehengeblieben war. Er wartete ungeduldig, bis er auf sein Fünfmarkstück herausbekommen hatte, ... und als er den Hausschlüssel herauszog, ihn in die Tür steckte, spürte er wieder dieses dumme Gefühl, das er beim Besteigen des Taxis gespürt hatte: er kam sich so erwachsen vor, zugleich ein wenig albern.

From Heinrich Böll, 'So ward Abend und Morgen', in Heinrich Böll, *Erzählungen 1950–70*, by permission of Verlag Kiepenheuer & Witsch, Köln.

1. From where did Brenig take the taxi?
2. How did he feel?
3. What did he have in his hand?
4. What had he been hoping to buy?
5. Was Brenig feeling pleased as he travelled home? Give reasons to support your opinion.
6. Where could he have got some chocolate?
7. Describe the scene as he travelled home.
8. How much change could he expect to get from the taxi-driver?

15. STRANDED!

Der Königssee ist ein See, der ganz von Bergen umgeben ist. Die Berge erheben sich an vielen Stellen so steil aus dem Wasser, daß es unmöglich ist, am Ufer entlang zu gehen. Wenn man die Dörfchen erreichen will, die am Ufer liegen, muß man mit einem Motorboot, das jede Stunde verkehrt, fahren.

Aber die Freunde wollten das Unmögliche versuchen — das andere Ende des Sees zu Fuß zu erreichen und dann mit dem Boot zurückzufahren. Gegen halb vier zogen sie los. Am Anfang ging es ganz schnell, denn der Pfad war gut, aber es wurde allmählich schwieriger und endlich folgten sie Pfädchen, die sonst nur von den Waldtieren benutzt wurden. Der Abhang war manchmal so steil, daß sie auf allen vieren gehen mußten. Manchmal mußten sie auch durch Bäche gehen oder über gefällte Bäume klettern.

Endlich kamen sie zu einer Klippe, die sie bestiegen. Vom Gipfel sahen sie zum erstenmal ihr Ziel — das Dörfchen am anderen Ende des Sees. Jetzt wollten sie sich ein bißchen ausruhen, denn sir waren schon anderthalb Stunden unterwegs. Aber nach einer Pause von zehn Minuten fühlten sie sich immer noch müde, und ihr Ziel war noch weit in der Ferne. Auch würde die Sonne in einer Stunde untergehen. Sie beschlossen also aufzugeben und zurückzugehen. Aber dann fiel ihnen ein, daß sie bei Tageslicht nicht genug Zeit hatten, entweder weiterzugehen oder heimzukehren. Was nun?

1. Describe the Königssee.
2. What feature restricts travel along the lakeside? Why?
3. How are the lakeside villages normally reached?

107

4. State in detail what the three friends intended to do.
5. When did they set off?
6. What sort of paths did they follow:
    (*a*) at first?
    (*b*) later?
7. Give details of three especial difficulties which they encountered from time to time.
8. Where were they, when they first caught sight of the village?
9. What did they do at this point?
10. How long had they then been travelling?
11. Give three reasons why they decided to turn back.
12. What difficulty did they then find themselves in?

(West Midlands Examination Board)

16. PETER VISITS HIS PEN-FRIEND

Im August vorigen Jahres hatte Peter Smith einen dreiwöchigen Besuch von seinem deutschen Brieffreund Eberhard Schulz. Zu Ostern dieses Jahres ist Peter nach Deutschland gefahren, um einen ähnlichen Aufenthalt bei seinem Freund zu verbringen.

Obwohl Peter natürlich Ferien hatte, mußte Eberhard noch ein paar Tage zur Schule gehen und Peter blieb deshalb morgens allein zu Hause. Das wurde ihm aber ein bißchen langweilig, und eines Tages hat er seinen Freund zur Schule begleitet und hat mit ihm in der Klasse gearbeitet.

Als die Schule aus war, eilten die beiden Jungen in die Stadt. Sie wollten nämlich ins Kino gehen. Als sie vor dem Sternkino ankamen, sahen sie, daß der Hauptfilm „Mord im Tierpark" hieß. Sie kauften zwei Karten und stellten fest, daß die erste Vorstellung in einer halben Stunde anfing, also um 15 Uhr.

Sie kamen aus dem Kino, überquerten die Bahnhofsstraße, und setzten sich auf eine Bank im Schloßpark, um zu warten. Der Park war ganz klein aber sehr schön.

(West Midlands Examination Board)

1. When had Eberhard Schulz visited England?
2. When did Peter go to Germany?
3. How long did he stay?

4. Why was he sometimes left on his own?
5. Why did he one day go to school with his friend?
6. Where had the two friends been *before* they went to town?
7. What sort of film did they see?
8. When did they buy their tickets?
9. Why did they visit the Schloßpark?
10. Where was it situated?

17. THE PEASANT WOMAN AND THE BOOK

Vor dem Schaufenster blieb sie stehen. Neben Briefpapier, Bleistiften, bunten Papiergirlanden, Radiergummis, neben Tubenklebstoff, bunten Lampenschirmen, Bindfaden und Kreide lagen dort auch einige Bücher. Sie versuchte, die Titel zu entziffern. Das war sehr anstrengend. In der linken Hand trug sie ein Bündel. Ihr schmales Gesicht war vom bunten Kopftuch der Gebirgsbäuerin umrahmt. Ihre Schuhe waren schäbig und abgetreten. Erst knüpfte sie das Bündel auf, holte eine abgeschabte lederne Geldbörse aus und zählte nach. Dann überlegte sie. Schließlich trat sie ein.

Ein junger Mann stand hinterm Ladentisch.

„Guten Tag", sagte er und sah sie fragend an.

„Hm", sagte die Frau. „Ich möchte ein Buch kaufen. Ein Buch für Kinder. Ein Buch für den Buben."

„Wie alt ist er denn?"

„Acht", sagte sie. „Er kann schon gut lesen."

Der junge Mann holte ein paar Bücher vom Regal herunter.

„Ja, sehen Sie sich's einmal an. Hier haben wir ein Märchenbuch und auch noch ein paar andere Bücher. Blättern Sie nur ruhig."

Die Frau nahm das erste Buch in die Hand.

„Das sind Märchen", sagte der junge Mann „von Prinzessinnen und Rittern, bösen und guten Feen und Schwertkämpfen."

Die Frau dachte einen Augenblick nach.

„Lieber nicht", sagte sie dann, verschämt lächelnd. „Da kommt so viel Gold und Silber drin vor. Vielleicht ist das nicht das Richtige. Wir haben wenig."

Dann holte der junge Mann ein neues Buch hervor. Tiergeschichten. Schöne Bilder waren darin. Pferde, Hunde, Katzen und

109

die Geschichte von den Feldmäusen. Dann eine Blume, in der ein Schmetterling wohnte. Das Gesicht der Frau leuchtete auf.

„Ein schönes Buch", sagte sie leise. „Gewiß sehr teuer? "

Er nannte den Preis. Die Frau dachte angestrengt nach. Sie schwieg ein Weilchen. Dieses Buch mit dem Schmetterling und der Blume würde ihr ganzes Geld aufzehren. Sie konnte den Autobus nicht nehmen. Dann würde sie eben zu Fuß gehen.

„Was schadet das? Ich werde zu Fuß gehen", sagte sie in Gedanken.

„Wie bitte? " meinte der junge Mann. Sie lächelte verwirrt.

„Nichts. Das Buch mit dem Schmetterling möchte ich."

Michael Zorn

From *Lesebuch für Volkschulen*, Bayerischer Schulbuchverlag, München

1. Name five things to be seen in the shop window.
2. Describe the woman's clothes and appearance.
3. Where did she keep her purse?
4. What did she say she wanted?
5. What did she tell the man about her son?
6. What sort of book did he show her first?
7. Why did she not like it?
8. What was the second book about?
9. What particularly attracted her to this book?
10. What would she have to do if she bought it?

18. A TRAP

Nach drei Stunden erhob sich Polizeikommissar Bärlach von dem Sessel, ohne geschlafen zu haben. Der Alte wusch sich und zog seine Bürokleider aus und frische Sonntagskleider an. Dann telephonierte er einem Taxi: essen wollte er im Speisewagen. Er nahm den warmen Wintermantel über den Arm und verließ die Wohnung, doch trug er keinen Koffer bei sich.

Im grauen Morgen grüßte ihn ein angetrunkener Student. „Armer Kerl", dachte Bärlach, „schon zum zweiten Mal durch die Prüfung gefallen, und fängt jetzt an zu trinken." Das Taxi fuhr heran und hielt vor der Haustür. Es war ein großer amerikanischer Wagen. Der Chauffeur hatte den Mantelkragen hochgeschlagen, sodaß Bärlach kaum die Augen sah. Bärlach stieg ein.

„Nun", sagte eine Stimme neben ihm, „wie geht es dir? "
Bärlach wandte überrascht den Kopf. In der anderen Ecke saß
Gastmann. Er war in einem hellen Regenmantel und hatte die
linke Hand in der Tasche. Der Chauffeur drehte sich um und
grinste. Es war Gastmanns Diener, und Bärlach begriff, daß er in
eine Falle geraten war.
„Was willst du von mir? " fragte Bärlach.
„Du beschäftigst dich noch immer zu sehr mit mir. Bis jetzt
hat niemand das getan, ohne zu sterben, Bärlach!"
„Das ist mein Beruf", antwortete Bärlach ruhig.

1. What sort of a night had Bärlach had and why?
2. What clothes did he put on?
3. Where was he going by taxi?
4. What was he carrying?
5. What did the student do as he went past?
6. What did Bärlach think about the student?
7. What was unusual about the taxi-driver?
8. Why was Bärlach surprised on getting into the taxi?
9. Describe Gastmann's appearance.
10. Who was the driver?
11. What did Gastmann complain about?
12. How did he threaten Bärlach?
13. What was Bärlach's job?
14. What was his attitude to Gastmann's threats?

(Associated Lancashire Schools Examining Board)

19. THE ISLAND

Die Insel liegt ungefähr fünf Kilometer von der Küste entfernt,
aber fünfzehn Kilometer von dem nächsten Hafen, einem kleinen
Fischerdorf. Wenn man hinüberfahren will, mietet man hier ein
Boot. Wenn es nicht zu groß ist, kann man bei günstigem Wetter
auf dem kleinen Kai landen, der sich an der südlichen Küste
befindet. Davon führt ein steiler, enger Pfad die hundertfünfzig-
meterhohen Klippen hinauf.

Wenn man endlich oben ist, hat man eine Aussicht auf die
ganze Insel. Sie ist sieben Kilometer lang und anderhalb Kilometer
breit. Fast in der Mitte und genau auf dem höchsten Punkt steht

ein verlassener Leuchtturm. Er wurde da gebaut, damit die Schiffer sein Licht aus allen Richtungen sehen konnten. Aber bei dichtem Nebel war das Licht oft unsichtbar. So mußte man zwei kleinere Türme bauen, einen an jedem Ende der Insel und zwar am Fuß der Klippen. So strahlen ihre Lichter unter dem Nebel.

Die Wächter in den Leuchttürmen ausgenommen, wohnen nur zwei Familien ständig auf der Insel. Sie sind Bauern. Im letzten Jahrzehnt sind Touristen auch im Sommer herübergekommen. Zu dieser Zeit ist das Wetter meistens kühl aber sonnig. Sie wohnen in Zelten und kaufen Brot, Milch und Butter von den Bauern. Was sie sonst zu essen brauchen, müssen sie im Boot mitbringen. Ein bequemes Leben ist es nicht, und diejenigen, die kommen, kommen aus dem einfachen Grund, weil sie die Einsamkeit suchen, und sie nur hier zu finden ist.

1. How far is the island from the nearest point on the mainland?
2. Where must one go to get a boat?
3. How long is the journey?
4. What sometimes makes landing difficult?
5. Where does one land?
6. What difficulty is encountered once one has landed?
7. What is the size of the island?
8. What is to be found at its centre?
9. Why was this placed at this point?
10. Why is it now disused?
11. How was it replaced?
12. Why is this arrangement more successful?
13. List the permanent inhabitants of the island.
14. How long have summer visitors been coming?
15. Where do they live?
16. How do they get their food?
17. Why do they come?

(West Midlands Examination Board)

20. BILL BROOK

Der kanadische Fliegerfeldwebel, Bill Brook, der am späten Abend in Hamburg ankam, setzte seinen schweren Koffer in der

Bahnhofshalle auf die Steinfliesen. Die linke und die rechte Hand verschwanden in den Hosentaschen und erschienen mit Feuerzeug und Zigarettenschachtel wieder. Dann knabberte er sich mit den Zähnen eine Zigarette aus der Papierhülle und ließ sein Feuerzeug Klick machen.

Aber plötzlich lag die Zigarette weiß und sauber auf dem dunklen Boden. Sie war ihm aus dem Mund gefallen. Seine Lippen standen etwas offen. Und er sah auf ein großes Emailleschild mit vielen unverständlichen Worten. Sah auf das eine Wort mit den neun Buchstaben. Denn dieses Wort, diese neun Buchstaben war sein Name. Er sah auf das Schild. Mein Name, dachte er. Ganz klar, ganz offensichtlich. Verrückt, dachte er, verrückt. Irrsinnig! Blödsinnig! Wahnsinnig! Er war in seinem sechsundzwanzigjährigen Leben zum ersten Male in Hamburg. Er war zum ersten Male in diesem Bahnhof. Und nun stand da, eben hier, wo er zum ersten Male war, sein Name: Billbrook.

Als er in seinem Hotelzimmer ankam, war er immer noch aufgeregt. Nachdem er seine beiden Zimmerkameraden laut und mit Hallo begrüßt und kennengelernt hatte, erzählte er ihnen sofort von seinem Abenteuer. Er sagte ihnen seinen Namen, überlangsam und überdeutlich. Dieser, sein eigner Name stand groß auf dem Bahnhof zu lesen. Hier auf dem Bahnhof in Hamburg.

Als er so weit in seiner aufgeregten Erklärung gekommen war, lachten seine beiden Kameraden sehr laut. Endlich brachten sie ihm bei, daß Billbrook ein Stadtteil von Hamburg sei. Und Bill Brook, der Fliegerfeldwebel aus Hopedale mußte ihnen glauben. Er mußte ihnen glauben, weil sie ihm nun einen Stadtplan über den Tisch zu und unter die Nase schoben.

Feldwebel, *sergeant*   Emaille, *enamel*

From Wolfgang Borchert, *Das Gesamtwerk*
© Rowohlt Verlag GmbH, Hamburg, 1949 (adapted)

1. When does Bill Brook arrive in Hamburg?
2. What is the first thing he does on coming out of the station?
3. What does his sudden surprise make him do?
4. What has surprised him?
5. Why was this crazy?
6. Where does he go on leaving the station?

7. What does he tell his friends?
8. How do they react?
9. What explanation do they give?
10. Why did Bill Brook have to believe them?

21. AN ATTEMPTED ESCAPE

Elisabeth war dreizehn Jahre alt und war von ihren Eltern in ein Pensionat geschickt worden. Zum ersten Mal in ihrem Leben wohnte sie nicht zu Hause und das gefiel ihr gar nicht.

Eines Abends beschloß sie von der Schule wegzulaufen. Nach dem Abendessen mußten die Schülerinnen alle zu Bett gehen. Die meisten von ihnen schliefen sofort ein, und bald war alles still im großen Zimmer. Elisabeth wartete eine halbe Stunde, dann stieg sie aus dem Bett, zog sich schnell an, nahm ihren Koffer heraus, den sie am Nachmittag unter das Bett gestellt hatte, und ging an die Tür. Langsam ging sie die Treppe hinunter, öffnete die Haustür, schloß sie wieder hinter sich und ging vorsichtig durch den Garten.

Die Straße, die an der Schule vorbeiging, war hell beleuchtet und Elisabeth hatte große Angst, daß eine Lehrerin sie sehen würde. Aber niemand sah sie, und sie eilte die Straße hinunter, die zum Bahnhof führte.

Plötzlich hörte sie Schritte, und ein Polizist kam um die Ecke. Sie versteckte sich schnell im Schatten eines Hauses, bis er vorbeigegangen war.

Es war gegen elf Uhr, als sie den Bahnhof erreichte. Sie ging an den Schalter und fragte den Beamten, wann der nächste Zug nach London fahre. ,,In zwei Minuten'', antwortete der Beamte, ,,Sie müssen sich beeilen.'' Sie löste ihre Fahrkarte und eilte schnell auf Bahnsteig vier. Da war aber kein Zug. ,,Bitte von welchem Bahnsteig fährt der Zug nach London? '' fragte sie einen Gepäckträger. ,,Von Bahnsteig drei, Fräulein'', antwortete er.

Als sie den Bahnsteig erreichte, war der Zug leider schon abgefahren. Mit traurigem Gesicht fragte sie den Beamten, wann der nächste Zug abfahre. ,,Morgen früh'', antwortete er.

Mit Tränen in den Augen ging sie wieder zur Schule zurück.

1. Why did Elisabeth not like being at School?
2. What happened after supper on a normal day in School?

3. How long did Elisabeth wait before getting out of bed?
4. Where was her suitcase?
5. How did she get from her room on to the street?
6. What was she afraid of?
7. Why did the policeman not see her?
8. From what platform did the London train actually leave?
9. How did she find this out?
10. What did Elisabeth finally decide to do?

(*N.W. Secondary School Examinations Board*)

22. A NIGHT IN A YOUTH HOSTEL

Als wir abends in der Jugendherberge ankamen, war es ziemlich kalt, denn die Sonne war schon untergegangen, und es fing an, dunkel zu werden.

Wir ließen unsere Rucksäcke im Tagesraum und gingen dann in den Schlafsaal und machten unsere Betten. Wir waren die ersten, und konnten uns also die Betten aussuchen. Ich wählte eins gleich bei der Tür; Peter, dem das zu hell war, ging weiter in den Saal hinein. Er dachte, daß im Gang die ganze Nacht das Licht brannte und man dann nicht schlafen konnte.

Kurz danach waren wir wieder im Tagesraum, wo inzwischen noch drei Mädchen erschienen waren. Wir beide unterhielten uns mit ihnen auf englisch und aßen, was wir mitgebracht hatten. Die Mädchen hatten wunderbare dänische Delikatessen aus ihrem Heimatland, die sie mit uns teilten. Wir gaben ihnen dafür etwas von unserer deutschen Wurst.

Der Herbergsvater kochte uns eine gute Suppe dazu, die uns schön wärmte. Danach sang er mit uns deutsche Volkslieder, und ein Mädchen begleitete uns auf ihrer Gitarre. Sie konnten nicht mitsingen, da sie kein Deutsch konnten.

Um zehn Uhr mußten wir in die Schlafsäle zurück, und um halb elf ging das Licht aus, überall, nur nicht im Gang. Peter lachte! Ich lachte nicht. Mein Bett war hell. Im Bett über mir lag ein Junge, der im Schlaf Geschichten erzählte, und draußen fuhr die Straßenbahn und klingelte die ganze Nacht hindurch, nur damit ich nicht schlafen sollte.

Um halb sieben am nächsten Morgen kam der Herbergsvater in den Saal, als ich gerade eingeschlafen war und weckte uns auf: „Ich

115

hoffe, ihr habt gut geschlafen." Ich wollte antworten, aber da war er schon wieder zur Tür hinaus.

1. At what time of the day did the boys arrive at the Youth Hostel?
2. Why did they have a choice of beds?
3. Why did Peter want to sleep away from the door?
4. Who else arrived later?
5. Where did they come from?
6. What did the warden contribute to their meal?
7. Why did the girls not sing?
8. At what time did they have to be in their dormitories?
9. Why did the boy who tells this story not sleep well?
10. Why could not he make a suitable reply when the warden woke them up the next morning?

(*S.E. Regional Examinations Board*)

23. LOST AND FOUND

Jeden Freitag geht Frau Kühn zum Markt. Sobald ihr Mann ins Büro und die beiden älteren Kinder in die Schule gefahren sind, kleidet sie ihre dreijährige Tochter Evi an und geht in die Stadt. Am Marktbrunnen ist ein Stand, wo ihre Schwester Helga Obst und Gemüse verkauft. Evi freut sich immer darauf, Tante Helga da zu besuchen.

Auch an diesem Freitag gingen sie zum Obststand am Brunnen. Während die beiden Schwestern sich unterhielten, setzte sich Evi auf eine Kiste und spielte mit ein paar Apfelsinen. Aber als Frau Kühn endlich bereit war, weiterzugehen, war Evi nicht mehr da.

„Evi!" rief Tante Helga so laut sie konnte (und das war sehr laut, denn ihre Stimme sollte die stärkste im ganzen Markt sein), und Frau Kühn rief auch. Aber keine Evi. Wachtmeister Meiß kam schnell heran. Ein verlorenes Kind war etwas Außerordentliches in seiner Stadt, und, da er die Kleine gut kannte, ging er sofort auf die Suche.

Nach etwa einer Viertelstunde kam er zurück. Er hatte zwei schlafende Landstreicher und vier falschgeparkte Autos gefunden, aber keine Evi.

Dann sahen sie Evi. Sie kam eben die Rathaustreppe herunter und hielt unter der Arm ein Kätzchen.

„Mutti, dies ist Mitzi!" rief sie. „Sie will bei uns wohnen."

„Ach, du lieber Gott", sagte der Wachtmeister. „Das Tier gehört bestimmt dem Bürgermeister, denn seine Katze hat neulich Kätzchen gehabt. Es muß gleich zurück, Frau Kühn."

In dem Moment kam auch der Bürgermeister heran. „Ist das Ihre Tochter, gnädige Frau? " fragte er. „Sie ist wirklich reizend. Ich habe gesagt, sie darf das Kätzchen haben, wenn das Ihnen recht ist."

1. Where are the other members of the family when Frau Kühn and Evi go to market?
2. Why does Evi always look forward to going to the market?
3. What does Frau Kühn's sister sell?
4. Where in the market place is her stall?
5. Where did Evi sit, and what did she play with, whilst the two sisters were talking?
6. Why should Evi have been able to hear Aunty Helga calling her?
7. Who is Herr Meiß?
8. Give two reasons why he takes a particular interest in the child being lost?
9. What does he find?
10. Where is Evi when they catch sight of her?
11. What has she got?
12. Who does it belong to?
13. What does he think of Evi?
14. What has he already told Evi?
15. What condition does he make?

(*West Midlands Examination Board*)

24. FELLOW SUFFERERS MEET

Wir saßen, mein Onkel, meine Mutter und ich, an einem sonnigen Sommertag nachmittags in einem großen, bunten Gartenlokal. Um uns herum saßen noch ungefähr zwei- bis dreihundert andere Leute, die auch alle schwitzten. Es war so warm und so voll, daß die Kellner alle ganz beleidigte Gesichter hatten. Endlich kam einer an unseren Tisch.

Mein Onkel hatte einen Zungenfehler. Er konnte kein *s* sprechen. Auch kein *z* oder *tz*. Immer wenn in einem Wort so ein harter *s*-Laut auftauchte, dann machte er ein weiches *sch* daraus.

Der Kellner stand also an unserem Tisch und fragte nervös: „Bitte schehr? Schie wünschen? "[1]

Mein Onkel sagte: „Alscho. Schwei Aschbach und für den Jungen Schelter. Oder was haben Schie schonscht? "[2]

Der Kellner war sehr blaß; Und plötzlich merkte ich, daß mein Onkel auch blaß wurde, als der Kellner wiederholte:

„Schehr wohl. Schwei Aschbach. Ein Schelter. Bitte schehr."[3] Dann sagte mein Onkel mit einer Stimme, die an fernen Donner erinnerte:

„Schagen Schie mal, schind Schie wahnschinnig? Schie machen schich über mein Lischpeln luschtig, wasch? "[4]

Der Kellner stand da und seine Stimme zitterte, als er sich jetzt Mühe gab, zu antworten:

„Esch ischt schamlosch von Schie, schich über mich schu amüschieren, taktlosch ischt dasch, bitte schehr."[5]

Als der Kellner ihn schamlos nannte, da stand mein Onkel auf. So standen sie nun und sahen sich an. Beide mit einer zu kurzen Zunge, beide mit demselben Fehler. Der kleine Kellner und mein großer Onkel.

„Schuchen Schie schofort den Wirt. Ich will Schie lehren, Gäschte schu inschultieren."[6]

Da trat der kleine Kellner ganz nah an unsern Tisch und setzte sich klein, kühn und kaltblütig auf den vierten, freien Stuhl an unserem Tisch. Er zog seine dicke Brieftasche hervor und nahm ein Stück Papier heraus. Er legte seinen Finger auf eine bestimmte Stelle und sagte leise:

„Bitte schehr. Wenn Schie schehen wollen. Schtellen Schie höflichscht schelbscht fescht. Mein Pasch. In Parisch geweschen. Barschelona. Oschnabrück, bitte schehr. Allesch ausch meinem Pasch schu erschehen. Und wasch ischt hier? Schprachfehler scheit Geburt. Bitte schehr. Wie Schie schelbscht schehen."[7]

From Wolfgang Borchert, *Das Gesamtwerk*

© Rowohlt Verlag GmbH, Hamburg, 1949 (adapted)

1 Bitte sehr? Sie wünschen?
2 Also. Zwei Asbach (*name of a drink*) und für den Jungen Selter ('*pop*'). Oder was haben Sie sonst?
3 Sehr wohl. Zwei Asbach. Ein Selter. Bitte sehr.
4 Sagen Sie mal, sind Sie wahnsinnig? Sie machen sich über mein Lispeln lustig, was?
5 Es ist schamlos von Sie, sich über mich zu amüsieren, taktlos ist das, bitte sehr.
6 Suchen Sie sofort den Wirt. Ich will Sie lehren, Gäste zu insultieren.
7 Bitte sehr. Wenn Sie sehen wollen. Stellen Sie höflichst selbst fest. Mein Paß. In Paris gewesen. Barcelona. Osnabrück, bitte sehr. Alles aus meinem Paß zu ersehen. Und was ist hier? Sprachfehler seit Geburt. Bitte sehr. Wie Sie selbst sehen.

1. Describe the establishment where they are sitting.
2. Why were all the waiters looking offended?
3. What was strange about the uncle's way of speech?
4. Why did the waiter go pale?
5. Why did the uncle get annoyed?
6. What did he ask the waiter to do?
7. What did the waiter do instead?
8. What did he show the uncle?
9. What did this prove?

25. A DANGEROUS PROFESSION

Die große Liebe des jungen Belgiers Jan van Donk war Autos, also wurde er am Ende seiner Schulzeit Lehrling in einer Autowerkstatt. In seiner Freizeit bastelte er an alten Kisten, die er in schnittige Rennwagen verwandelte.

Doch langweilte ihn das Leben in einer belgischen Kleinstadt, und er beschloß, nach Amerika zu fahren und in einer Filmstadt in Kalifornien ,Stuntman' zu werden. Ein ,Stuntman' ist ein mutiger junger Mann, der bei gefährlichen Filmaufnahmen an Stelle des kostbaren Stars sein Leben riskiert. Jan mußte für Dean Martin in einen reißenden Strom stürzen, was ihn beinahe sein Leben gekostet hat.

Trotz der prinzlichen Belohnung dieser Arbeit bekam Jan ein starkes Heimweh nach Flandern, Seine Freundin aus der Schulzeit erwartete ihn noch immer zu Hause. Also kehrte Jan heim.

Um seinen Landsleuten und seiner Braut zu imponieren, wollte er jetzt einen Rekordversuch machen: in einem Auto einen Sprung über 50 Meter riskieren. Er fuhr das Auto mit Hochgeschwindigkeit eine Rampe hinauf und schleuderte es 60 Meter über einen See hinaus. Doch landete der Wagen mit dem Dach zuerst auf das Wasser, und Jan wurde noch einmal ins Krankenhaus geliefert.

1. Who was Jan van Donk?
2. What job did he have on leaving school?
3. What did he do for a hobby?
4. Why did he decide to go to America?
5. What is a stuntman?
6. Why are they used?
7. What did Jan do for Dean Martin?
8. Give one advantage and one disadvantage of the job.
9. Why did Jan give up the job?
10. What record did he try to break?
11. Why did he do this?
12. How did he go about it?
13. Did he break the record?
14. What was the result for Jan and why?

(*Associated Lancashire Schools Examining Board*)

26. THE BANK RAID

„Weißt du, Heini? Als ich heute in der Stadt war, habe ich einen Sparkassenüberfall gesehen."

„Was! Wo denn Liesel? "

„Vor dem Rathaus. Du weißt, ich hatte eine Karte für die Modeschau da. Ach, Heini, die Kleider waren so schön, und Ilse und Margarete waren auch da. Sie sind Studentinnen in Freiburg, aber sie sind jetzt zu Hause, weil es bald Weihnachten ist."

„Ilse und Margarete? "

„Ja, die Zwillinge. Du kennst sie doch. Sie waren mit unserem Karl auf der Schule. Oh, und als ich aus der Modeschau heraus war, habe ich Frau Schmidt gesehen. Die arme Frau Schmidt! Ihre Mutter ist vor zwei Wochen gestorben, und sie wollte gerade zum Friedhof gehen."

„Ja, Liesel, aber der Überfall."

„Ach, Heini, ein bißchen Geduld. Nicht unterbrechen. Vor der städtischen Sparkasse war ein großer Lastwagen. Etwas war kaputt, und ein Automachaniker war da mit einer großen Tasche Werkzeug."

„Aber, Liesel. Was hat das mit dem Überfall zu tun?"

„Als ich den Marktplatz überqueren wollte, da habe ich Schießen in der Sparkasse gehört. Kurz danach sind drei Männer mit Aktentaschen in der Hand aus der Sparkasse gelaufen. Ein schwarzer Mercedes war hinter dem Lastwagen geparkt. Die Diebe stiegen schnell ein und fuhren los. Da hat der Automechaniker seine Tasche Werkzeug gegen die Windschutzscheibe geworfen. Das Glas zerbrach, und da der Fahrer nicht mehr sehen konnte, ist der Mercedes mit einem großen Krach gegen den Brunnen gefahren."

„Aber Liesel. Das ist wie aus einem Abenteuerroman! Was ist dann passiert?"

„Zwei Polizisten sind gekommen und haben die vier Männer verhaftet. Zwei davon waren schwer verletzt, glaube ich."

(*West Midlands Examination Board*)

1. Where had the bank raid taken place?
2. Why had Liesel been to the town hall?
3. What do we learn about Ilse and Margarete?
4. Why does Liesel feel sorry for Frau Schmidt?
5. Where was Frau Schmidt going?
6. What did Liesel notice outside the bank?
7. What was she about to do, when she heard the shooting?
8. Who appeared from the bank?
9. Describe how their escape was prevented.
10. Why were only two policemen needed to make the arrests?

27. A WALK THROUGH THE FOREST

Am vorigen Abend hatten die Lehrer uns die Pläne für den folgenden Tag erklärt. Unsere Gruppe sollte eine ziemlich lange Wanderung durch den Wald machen, ein kaltes Mittagessen im Wald verzehren, und dann gegen vier Uhr mit dem Bus nach dem Hotel zurückfahren.

121

Am Morgen nach dem Frühstück fing es an zu regnen. Das war schade, aber zu Ostern muß man solches Wetter in den Bergen erwarten, und die Lehrer beschlossen, die Wanderung trotz des Wetters zu machen. Diejenigen aber, die keine starken Schuhe oder Anoraks hatten, mußten zu Hause bleiben. So war es nur eine Gruppe von etwa zwanzig Leuten, die sich endlich auf den Weg machte.

Vom Hotel gingen wir die Waldstraße entlang, und bald waren wir unter den Bäumen. Wir stiegen bergauf und folgten den weißen Kreuzen, die an Bäume gemalt waren, und die uns den Weg zeigten. Nach einer Weile fiel kein Regen mehr sondern Schnee, denn wir stiegen immer höher. Nach anderthalb Stunden führte der Pfad endlich ins nächste Tal. Bald hörte der Schnee auf und wir machten halt, um zu essen. Wir setzten uns auf einige Baumstämme, die die Förster gefällt hatten, und aßen unsere Butterbrote, Eier und Äpfel. Dann gingen wir weiter in das Tal hinunter zu einem Platz, wo im Winter die Rehe gefüttert werden. Natürlich wurde nun im Frühling kein Futter mehr ausgesetzt aber Rehe kamen noch aus Gewohnheit dorthin, und wir hofften, einige zu sehen.

die Rehe, *the roe-deer*

1. When were the plans first explained? What were they?
2. What change was made to the original plan? Why?
3. At what time of the year did this walk take place?
4. How many people took part?
5. Where did they go first?
6. How did they know the way once they were in the forest?
7. What change in the weather occurred after a time? Why?
8. How long was it before they started to go down into the next valley?
9. What happened shortly before they sat down to eat?
10. Where and what did they eat?
11. Where did they go after this meal?
12. Why might deer still come to this place?

(*West Midlands Examination Board*)

28. THE YOUNG DETECTIVE

Harry ist bei seinem Onkel, dem Kriminalkommissar Fuchs, auf Besuch. Eines Abends läutet das Telefon. Nach einem kurzen Gespräch ruft der Kommissar: „Ich muß sofort weg. Einbruch im Juweliergeschäft Jansen auf dem Hohenstaufenring. Wenn du willst, kannst du mitkommen."

Um 21.28 Uhr, elf Minuten nach dem Anruf, springen sie einige Häuser weit vom Juweliergeschäft entfernt aus dem Wagen. Im Schein der Straßenlaterne kann man das Goldwarengeschäft erkennen. Die Ladentür ist verglast und weist ein tellergroßes Loch auf. Harry zeigt auf den Bürgersteig und sagt zu Fuchs: „Hier liegen Glasscherben auf der Straße."

Der Kriminalkommissar nickt. „Ja, die Glasscheibe in der Ladentür wurde eingeschlagen." Vorsichtig betritt Fuchs, gefolgt von Harry, den Laden. Der Juwelier, Herr Jansen kommt nervös auf sie zu.

Fuchs kommt gleich zur Sache „Sagen Sie doch einmal kurz, was gestohlen worden ist und wie Sie den Einbruch bemerkt haben."

Herr Jansen nickt bereitwillig. „Hinter meinem Verkaufsraum habe ich ein kleines Zimmer, in dem ich mich aufhalte, wenn keine Kunden im Laden sind. Manchmal bleibe ich auch darin über Nacht. Es war kurz nach 21 Uhr, da wurde ich von einem Klirren aufgeschreckt. Ich sprang auf und eilte in den Laden. Ich sah gerade einen Mann zur offenen Tür hinauslaufen. Ich folgte ihm nach, aber er war wie der Blitz um die Ecke verschwunden. Der Einbrecher muß ein Kenner gewesen sein, denn er hat nur die wertvollsten Stücke gestohlen. Nach meiner Schätzung muß ich einen Verlust von 120 000 Schilling beklagen, denn es wurden 32 Ringe und 17 Ketten gestohlen."

„Ist der Schmuck versichert? " fragt Fuchs.

„Ja, selbstverständlich. Die Einzelheiten habe ich in meinem Büro. Ich hole sie gleich."

Während Herr Jansen zum Büro geht, funkt es bei Harry und er sagt zu Fuchs: „Jetzt weiß ich, wer der Verbrecher ist."

„Dein Scharfsinn freut mich", erwidert Fuchs lächelnd, „für mich war alles schon vor der Ladentür klar."

Abridged from *St Gabriel Kinderkalender 1971*
Missionhaus St Gabriel, Mödling, Austria

1. Why does the inspector have to go out?
2. How long does it take the inspector and Harry to reach the scene?
3. What does Harry immediately notice?
4. When does the jeweller say the break-in occurred?
5. Where was he at the time?
6. What did the burglar do when Herr Jansen came in?
7. Why does he say the burglar must have been expert?
8. What does he estimate to have been his total losses?
9. What does Harry say when the jeweller goes to get the insurance papers?
10. How are the inspector and Harry able to identify the criminal?

29. A STRANGE INTERVIEW

Eine Stimme, die hart wie Eisen klang, rief: „Herein!”

„Guten Tag", sagte Edith und blieb auf der Schwelle stehen. Einige Meter vor ihr stand ein Mann, drehte ihr den Rücken zu und sah anscheinend sehr vertieft zum Fenster hinaus.

Edith wartete ein paar anstrengende Augenblicke, ob er sich nicht zu ihr herumdrehen und mit ihr sprechen würde. Er tat es nicht. Sie holte tief Atem und sagte schnell den wohl memorierten Satz: „Ich habe Ihr Inserat im Morgenblatt gelesen und möchte mich gerne um die Stelle bewerben."

Der Mann antwortete nicht.

„Ich...", setzte das Mädchen von Neuem an, schwieg und versuchte es noch einmal, „ich bin zwanzig Jahre alt. Ich schreibe einhundertzehn Silben in der Minute und spreche englisch, deutsch, französisch und schwedisch. Ich habe allerdings keine große Erfahrung als Privatsekretärin..."

Edith schwieg plötzlich. Das Telefon, ein kleiner, weißer Apparat, der auf dem Schreibtisch stand, klingelte laut und anhaltend. Der Mann griff, ohne sich umzuwenden, hinter sich, hob den Hörer ab und ließ ihn auf der Briefmappe liegen. Edith machte einen schnellen Schritt vorwärts, nahm den Hörer auf und sagte: „Herr Miller bedauert, im Augenblick nicht sprechen zu können. Man möchte später noch einmal anrufen." Sie legte den Hörer zurück und stand ganz still. War sie zu eigenmächtig gewesen? Der Mann sprach noch immer nichts. Nun schwieg auch Edith verlegen. Was sollte sie sagen? Was wollte er wissen? Warum fragte er nicht?

In diesem Augenblick drehte der Mann sich um und sah sie an. „Es ist gut", sagte er. „Kommen Sie heute nachmittag um fünf Uhr. Ich nehme an, daß Sie sich bereitfinden werden, mich auf meinen Reisen zu begleiten. Außerdem lege ich größten Wert auf Diskretion und bitte Sie möglichst keine Fragen zu stellen. Ich werde Ihnen sagen, was und wie und wann Sie zu tun haben, im übrigen können Sie mit Ihrer freien Zeit tun, was Sie wollen."

Abridged from *Zehn Tage mit Edith* by Katrin Holland, by permission of the author

1. What was the purpose of the interview?
2. What do we learn about Edith during the interview?
3. What interruption occurred during the interview?
4. How did Edith turn this to her advantage?
5. What does Mr. Miller require his secretary to do?
6. In what way will she be fortunate?
7. In what way was the interview strange?

30. EDITH IN TROUBLE

Er ging zurück in sein Zimmer und verlangte ein Gespräch nach Hollywood in Kalifornien. Voranmeldung für Edith Zylander. Er mußte den Namen dreimal buchstabieren, bevor eine übermüdete Telefonistin ihn begriff. Er rauchte vier Zigaretten, bevor es klingelte und eine Männerstimme sagte: „Augenblick, ich rufe das Fräulein."

Im Apparat hörte er das Zuschlagen von Türen, dieselbe böse Stimme, die über die nächtliche Ruhestörung fluchte und jemanden schrecklich schalt. Dann hörte er Ediths Stimme. „Hallo", sagte diese Stimme, „hier Edith Zylander. Sind Sie es, Mister Miller?"

„Was fehlt Ihnen?" schrie Michael „Sind Sie krank? Was ist passiert? So antworten Sie doch!"

„Ich schäme mich so", sagte Edith. „Ich weiß nicht, wie ich es erklären soll, bitte... ich kann hier nicht so laut reden, es ist mir so schrecklich peinlich."

„Sind Sie krank?"

„Nein, nein."

„Wieviel brauchen Sie? "

„Ich? ... Dreihundert Dollar sind schrecklich viel Geld, nicht wahr? Aber ich habe Schulden, ich..."

„Sie haben morgen das Geld."

„Haben Sie vielen Dank. Tausend Dank."

„Warum weinen Sie? "

„Ich, ich... ach nur, weil ich nicht aus noch ein wußte und so froh bin, daß Sie mir helfen wollen."

„Was wollen Sie tun, wenn Sie Ihre Schulden bezahlt haben? Wie sind Ihre Pläne? "

„Pläne? Ich... ich weiß nicht. Dürfte ich nicht in meine alte Stellung zu Ihnen zurückkommen, Mister Miller? Ach, bitte!"

„Wenn Sie wollen... Nehmen Sie das nächste Flugzeug. Gute Nacht."

Abridged from *Zehn Tage mit Edith* by Katrin Holland, by permission of the author

1. What happened before Michael (Mr. Miller) could speak to Edith?
2. What time was it in Hollywood?
3. Why did she not want to give explanations over the phone?
4. What did he first think was wrong?
5. What was the cause of the trouble?
6. How was it put right?
7. What were her future plans to be?
8. How was she to travel?

8
Examples of multiple-choice reading comprehension

In each question select the word or phrase which most reasonably completes the statement.

1. Hans kauft einen Plattenspieler, denn er liebt
    (a) die Musik.
    (b) den Sport.
    (c) eine Schauspielerin.
    (d) das Essen.

2. Willi fühlt sich heute nicht wohl. Er hat
    (a) Angst.
    (b) Eile.
    (c) Hunger.
    (d) Kopfschmerzen.

3. Peter hat den Autobus verpaßt. Er kam
    (a) zu schnell.
    (b) zur rechten Zeit.
    (c) zu spät.
    (d) zu früh.

4. Mutter will einen Apfelkuchen kaufen. Sie geht in
    (a) die Küche.
    (b) das Obstgeschäft.
    (c) den Keller.
    (d) die Konditorei.

127

5. Wenn wir eine Wanderung machen, nehmen wir
        (*a*) eine Postkarte.
        (*b*) eine Landkarte.
        (*c*) eine Eintrittskarte.
        (*d*) eine Speisekarte.

6. Es regnet schon seit 24 Stunden. Der Regen begann
        (*a*) gestern.
        (*b*) vorgestern.
        (*c*) morgen früh.
        (*d*) übermorgen.

7. Mein Vater kann nicht gut sehen. Er trägt
        (*a*) einen Fernsehapparat.
        (*b*) eine Brille.
        (*c*) Gläser.
        (*d*) einen Hut.

8. Ich kann dieses Paket nicht tragen. Es ist mir
        (*a*) zu klein.
        (*b*) zu leicht.
        (*c*) zu schwer.
        (*d*) zu teuer.

9. Die Haustür ist verschlossen. Wo ist
        (*a*) der Schluß?
        (*b*) die Schüssel?
        (*c*) das Schloß?
        (*d*) der Schlüssel?

10. Mein Bruder ist Metzger. Er verkauft
        (*a*) Brot.
        (*b*) Fleischwaren.
        (*c*) Möbel.
        (*d*) Messer.

11. Mutter läßt den Arzt kommen. Ihr Sohn hat
        (*a*) Zahnschmerzen.
        (*b*) Heimweh.
        (*c*) Seekrankheit.
        (*d*) Magenschmerzen.

12. Herr Fischer nimmt ein Taxi. Er will
    (a) Geld sparen.
    (b) selbst fahren.
    (c) mit dem Fahrer sprechen.
    (d) den Zug nicht verpassen.

13. Herr Krause steht lange vor der Haustür. Er hat
    (a) seine Hausnummer nicht notiert.
    (b) seinen Regenschirm im Haus gelassen.
    (c) seinen Schlüssel im Büro gelassen.
    (d) seine Frau nicht stören wollen.

14. Ich fahre nicht weit und ich möchte Geld sparen, also fahre ich mit dem
    (a) Schnellzug.
    (b) Personenzug.
    (c) D-Zug.
    (d) Aufzug.

15. Wenn ich mich nicht beeile, werde ich den Bus
    (a) vermissen.
    (b) erreichen.
    (c) bekommen.
    (d) verpassen.

16. Willi hat keine Geschwister. Er ist ein
    (a) einsames Kind.
    (b) Einzelkind.
    (c) einzigartiges Kind.
    (d) Einfamilienhaus.

17. Weil der Fleischer heute nicht auf hat, kaufe ich
    (a) Fleischkonserven.
    (b) Rindfleisch.
    (c) Zahnfleisch.
    (d) frisches Fleisch.

18. Herr Krämer will das Wohnzimmer neu anstreichen und tapezieren. Er kauft
    (a) ein Streichinstrument und ein Schlaginstrument.
    (b) ein paar Bilder.
    (c) Tapete und Farbe.
    (d) Vorhänge und einen Teppich.

19. Fritz Meyer ist Lehrling in einer Kleiderfabrik. Er wird
   (a) Lehrer.
   (b) Schneider.
   (c) Fabrikant.
   (d) Klempner.

20. Auf einer Autobahn fährt man schnell und sicher, weil
   (a) es mehr Verkehr gibt.
   (b) die Straße breit und kurvenfrei ist.
   (c) eine hohe Geschwindigkeit erlaubt ist.
   (d) der Motor da besser läuft.

21. Mutter hat Angst und schickt nach dem Arzt, weil ihr Kind
   (a) nicht aus dem Bett steigen will.
   (b) blaß aussieht und viel hustet.
   (c) vorgestern kein Frühstück essen wollte.
   (d) den Arzt gern sehen möchte.

22. Vater kam heute spät von seiner Arbeit zurück, weil
   (a) er Überstunden arbeiten mußte.
   (b) er seinen Schlüssel verloren hatte.
   (c) er den Bus gerade erreicht hatte.
   (d) er Mutter eine Überraschung bereiten wollte.

23. Ich zog mich heute warm an, weil
   (a) wir jetzt Zentralheizung haben.
   (b) ich nicht gern kalt esse.
   (c) in der Nacht der erste Schnee fiel.
   (d) ich einen neuen Mantel kaufen wollte.

24. Willi bittet seine Mutter um sein Taschengeld, weil
   (a) er für sie einkaufen gehen muß.
   (b) er sich etwas kaufen will.
   (c) er sein Geld gespart hat.
   (d) er weiß, daß er es schon bekommen hat.

25. Hilde ist eine gute Schülerin; sie hat ihre Prüfungen
   (a) passiert.   (c) bestanden.
   (b) verpaßt.   (d) gefehlt.

(All above Associated Lancashire Schools Examining Board)

EXAMPLE TWO

In each of the following questions, a statement suggests a certain situation. Select the one remark which is most likely to be made in this situation.

1. Ein Reisender in Köln fragt nach dem Hauptbahnhof und bekommt die Antwort:
   - (*a*) Heute sind die Geschäfte geschlossen.
   - (*b*) Leider bin ich auch fremd in dieser Stadt.
   - (*c*) Auf Wiedersehen und nochmals vielen Dank.
   - (*d*) Ich fahre nicht gern mit der Bahn.

2. Sie haben gerade ein gutes Essen im Restaurant gehabt. Sie sagen zum Kellner:
   - (*a*) Es hat mich gefreut, Sie kennenzulernen.
   - (*b*) Herr Ober! Zahlen, bitte.
   - (*c*) Bringen Sie bitte die Speisekarte.
   - (*d*) Haben Sie einen Tisch frei?

3. Sie wollen mit dem Zug nach Hamburg fahren. An dem Fahrkartenschalter sagen Sie:
   - (*a*) Fahren Sie auch nach Hamburg?
   - (*b*) Einmal zweiter, Hamburg, bitte.
   - (*c*) Muß ich hier umsteigen?
   - (*d*) Wie weit ist es nach Hamburg?

4. In einer Buchhandlung sagt die Kundin zur Verkäuferin:
   - (*a*) Ich suche einen guten Kriminalroman.
   - (*b*) Ich gehe jetzt zur Bibliothek.
   - (*c*) Wie nett, daß Sie auf mich gewartet haben.
   - (*d*) Leider habe ich mein Sparkassenbuch nicht bei mir.

5. Oben auf einem Berg. Der Tourist sagt zu seinem Freund:
   - (*a*) Wollen wir mit der Bergbahn hinauffahren?
   - (*b*) Was für eine wunderbare Aussicht!
   - (*c*) Ich bin froh, daß wir im Tal geblieben sind.
   - (*d*) Schade, daß wir nicht unsere Badeanzüge mitgebracht haben.

6. Erika ruft ihre Freundin an, um sie zum Abendessen einzuladen.
   Sie sagt:
       (*a*) Ich muß heute nachmittag abfahren.
       (*b*) Ich muß heute abend im Büro arbeiten.
       (*c*) Meine Mutter ist krank.
       (*d*) Kannst du gegen acht Uhr kommen?

7. Herr Schmidt gibt dem Taxifahrer einen Fünfzigmarkschein.
   Der Fahrer sagt:
       (*a*) Es ist schon spät.
       (*b*) Dafür habe ich keine Zeit.
       (*c*) Haben Sie kein Kleingeld?
       (*d*) Kommen Sie mit Ihrem Geld aus?

8. Auf dem Weg nach Hause trifft Frau Meyer eine Bekannte, die
   fragt: „Wie geht es Ihnen? " Sie antwortet:
       (*a*) Es geht mir sehr gut, danke.
       (*b*) Ich gehe nach Hause.
       (*c*) Ich gehe immer allein dahin.
       (*d*) Es geht ihm besser, danke.

9. Der Polizist hält den Autofahrer an und sagt:
       (*a*) Darf ich mich vorstellen?
       (*b*) Der Park ist jetzt geschlossen.
       (*c*) Das ist eine Einbahnstraße.
       (*d*) Wissen Sie, wieviel Uhr es ist?

10. Im Autobus sagt der Fahrgast zum Schaffner:
        (*a*) Die Bushaltestelle ist drüben.
        (*b*) Hält der Bus am Markt?
        (*c*) Wieviel Uhr ist es?
        (*d*) Fahren Sie bitte schneller.

11. Der Schaffner kommt in das Abteil des Zuges und sagt:
        (*a*) Haben Sie einen Fahrplan?
        (*b*) Alexanderplatz! Endstation!
        (*c*) Guten Tag, nehmen Sie bitte Platz.
        (*d*) Die Fahrkarten, bitte.

12. Eine Frau geht in ein Gemüsegeschäft und sagt:
        (*a*) Haben Sie einen Reifen?
        (*b*) Die Kartoffeln sind gar.
        (*c*) Ich möchte kein Gemüse.
        (*d*) Ich hätte gern einen Blumenkohl.

13. Dieter sollte seine Freundin um 8 Uhr am Rathaus treffen und kommt eine halbe Stunde zu spät dort an. Sie sagt:
    (a) Gut, daß ich nicht auf dich wartete.
    (b) Deine Uhr ging eine halbe Stunde vor, wohl?
    (c) Das nächste Mal warte ich nicht.
    (d) Eine halbe Stunde ist gar keine Zeit.

14. Im Autobus weiß der Fahrgast nicht genau, an welcher Station er aussteigen muß. Er sagt zum Schaffner:
    (a) Wie oft fahren Sie denn?
    (b) Ich fahre bis zur Endstation.
    (c) Wissen Sie, wo ich aussteigen will?
    (d) Fahren Sie in die Nähe des Hauptpostamts?

15. Hans ist von seinem Fahrrad gefallen und kommt mit schmutzigem Gesicht und zerrissenen Kleidern nach Hause. Seine Mutter sagt: (a) Hoffentlich ist das Fahrrad noch in Ordnung.
    (b) Du armer Junge! Was ist denn passiert?
    (c) Du vergißt immer, rechts zu fahren.
    (d) Der Krankenwagen wird bald da sein.

16. Die Familie hat gerade gespeist. Mutter sagt zu den Kindern:
    (a) Wer möchte noch etwas Gemüse?
    (b) Holt den Vater, sonst wird das Essen kalt.
    (c) Jetzt schnell mit dem Abräumen, dann gehen wir aus.
    (d) Heute gibt es Sauerkraut mit Bratwurst.

17. Hans sieht einen Autofahrer, der sein Hinterrad auswechselt, und sagt:
    (a) Können Sie mir behilflich sein?
    (b) Es ist gut, wenn man die Räder mal umwechselt.
    (c) Ihr Vorderrad ist auch kaputt.
    (d) Kann ich Ihnen helfen?

18. Der Briefträger klingelt und sagt zur Hausfrau:
    (a) Sie haben einen Brief geschrieben.
    (b) Ich habe eine Geldanweisung an Sie.
    (c) Sie haben keinen Briefkasten an dem Haus.
    (d) Guten Tag, ist der Herr zu Haus?

19. Klaus machte heute seine Prüfung. Wenn er nach Hause kommt, fragt seine Mutter:

      (*a*) Na, wie war's Klaus?
      (*b*) Haben Sie viel geschrieben?
      (*c*) Weißt du, wie spät es ist?
      (*d*) Prüfung macht den Meister, sag' ich immer.

20. Zwei Freunde treffen sich nach dem Fußballmatch. Der eine sagt zum anderen:

      (*a*) Schade, daß der Schiedsrichter da war.
      (*b*) Der Kopfsprung von Albrecht war prima.
      (*c*) Die Meisterschaft haben wir in der Tasche.
      (*d*) Der Torwart hat ein glänzendes Tor geschossen, nicht wahr?

21. Eine Dame trifft eine Bekannte, die sie lange nicht gesehen hat, und sagt:

      (*a*) Ich habe mich sehr gefreut.
      (*b*) Ich bin sehr gealtert, nicht wahr?
      (*c*) Gut, daß wir uns einmal wiedersehen.
      (*d*) Sie sehen ohne Hut ganz anders aus.

22. Zwei Brüder sind in einer Schulklasse. Der Lehrer sagt zu einem:

      (*a*) Hast du einen Bruder?
      (*b*) Bist du Ulrich oder Hans?
      (*c*) Heute ist keiner von beiden da.
      (*d*) Mein Bruder sitzt da vorne.

23. Hans geht in eine Leihbibliothek, um ein Buch zu suchen. Er sagt zu der Gehilfin:

      (*a*) Leider habe ich meine Fahrkarte verloren.
      (*b*) Hier sind die Bücher sehr billig.
      (*c*) Können Sie mir meine Schulbücher finden helfen?
      (*d*) Können Sie mir ein Buch über Fußball empfehlen?

24. Herr Braun besichtigt ein neues Auto im Autosalon. Er sagt zum Verkäufer:

      (*a*) Wieviel Petroleum verbraucht er?
      (*b*) Ich möchte Autofahren lernen.
      (*c*) Die Farbe gefällt mir nicht.
      (*d*) Tanken Sie bitte voll!

25. In einem Postamt geht ein Tourist an den Schalter für post-lagernde Sendungen und fragt:

> (*a*) Ist Post für Robinson da?
> (*b*) Haben Sie eine Briefmarkensammlung?
> (*c*) Kann ich hier einen Scheck einlösen?
> (*d*) Kann man von hier einen Brief abschicken?

26. Willi geht zum Freibad. Seine Mutter sagt:

> (*a*) Nimm doch den Morgenrock mit!
> (*b*) Daß du dich nur nicht erkältest!
> (*c*) Bade dich aber richtig!
> (*d*) Hast du heute keine Lust zum Baden?

27. Herr Kalb und seine Frau sitzen im Restaurant und lesen die Speisekarte. Herr Kalb sagt:

> (*a*) Hier soll man ganz schlecht essen.
> (*b*) Hoffentlich hast du etwas Gutes gekocht.
> (*c*) Schön, daß wir einmal zu Haus essen!
> (*d*) Ißt du lieber kalt oder warm?

28. Die Verkehrsampel wird grün und der Fahrschullehrer sagt zu dem Schüler, der am Steuer sitzt:

> (*a*) Nach drei Minuten dürfen Sie fahren.
> (*b*) Schalten Sie auf den ersten Gang um und fahren Sie los!
> (*c*) Treten Sie schnell auf die Bremse!
> (*d*) Fahren Sie langsam rückwärts!

29. Herr Wegmann fährt mit seinem Wagen am Rhein entlang. Die Straße führt durch viele hübsche Weindörfer. In einem dieser Dörfer hält Herr Wegmann und sagt zu einem Dörfler:

> (*a*) Willst du mir bitte eine Flasche Rheinwein holen?
> (*b*) Wo kann ich in diesem Dorf Unterkunft finden?
> (*c*) Wie komme ich am besten zu dem Rhein?
> (*d*) Geben Sie mir sofort eine vollständige Liste der Hotels.

30. Die Sekretärin zeigt ihrem Chef einen wichtigen Brief. Leider hat sie viele Fehler gemacht, und der Chef ist sehr unzufrieden und sagt:

> (a) Bald bekommen Sie eine elektrische Schreibmaschine! und Sie können noch scheller schreiben.
>
> (b) Nächsten Monat bekommen Sie mehr Gehalt.
>
> (c) Wenn Sie nicht besser tippen können, sollten Sie lieber zu Hause bleiben.
>
> (d) In der Eile kann das schon passieren.

(*All above Associated Lancashire Schools Examining Board*)

EXAMPLE THREE

The following are extracts from conversations. In each case select the answer which indicates where the conversation is taking place.

1. ,,Bei solchem dichten Verkehr kommen wir bestimmt zu spät zum Bahnhof.'' ,,Keine Angst, ich werde es schon schaffen.''

(a) In einem Zug.   (c) In einem Auto.
(b) Auf einem Bahnhof.   (d) In einem Autobus.

2. ,,Haben Sie etwas zu verzollen? ''
,,Ein paar persönliche Sachen, Geschenke und so weiter. Nichts Wertvolles.''
,,So, das ist also in Ordnung.''

(a) In einem Geschäft.   (c) Auf einem Bahnhof.
(b) Zu Hause, beim Einpacken. (d) An einer Grenze.

3. ,,Karl, wollen wir uns einen neuen Teppich für das Wohnzimmer aussuchen? ''
,,Ich glaube, ja. Nehmen wir gleich den Fahrstuhl zur Möbelabteilung.''

(a) In einer Wohnung.   (c) In einem Teppichgeschäft.
(b) In einem Warenhaus.   (d) Auf der Straße.

4. „Klaus, du sollst dich mit Öl beschmieren, sonst kriegst du einen Sonnenbrand."

„Aber Mutti! Als wir an der Küste waren, brannte die Sonne viel stärker herunter."

(a) Im Garten zu Hause. (c) An der Küste.
(b) In einer Garage. (d) An der See.

5. „Wollen wir etwas trinken? Es dauert eine gute halbe Stunde, bis wir an Bord gehen."

„Gerne, aber keinen Alkohol, sonst werde ich luftkrank."

(a) Auf einem Schiff. (c) Auf einem Flughafen.
(b) Auf einem Bahnhof. (d) In einem Hafen.

6. „Beeilt euch, Kinder, ihr dürft nicht zu spät zur Schule kommen."

„Schon gut, Mutti. Herr Meyer fährt uns heute in seinem Auto dahin."

(a) Zu Hause. (c) In einem Auto.
(b) In der Schule. (d) Auf der Straße.

7. „Vorsicht, Helga, beim Abtrocknen. Das Porzellan gehörte deiner Großmutter."

„Schon gut, Mutter. Ich gebe acht."

(a) In der Küche. (c) Am Eßtisch.
(b) In einem Porzellangeschäft. (d) In einem Warenhaus.

8. „So, Rosinen, Mehl und Zucker haben wir. Was brauchen wir noch?"

„Eine Prise Salz und zwei Eßlöffel Milch. Das wird in einer Schüssel verrührt."

(a) In einem Lebensmittelgeschäft. (c) In einem Restaurant.
(b) In einer Küche. (d) In einem Supermarkt.

9. „Wir bleiben doch nicht die ganze Zeit im Salon, Mutter?"

„Vater und ich finden es ein bißchen frisch. Ihr Kinder könnt nach oben gehen. Die Überfahrt dauert nur ein paar Stunden."

(a) In einem Flugzeug. (c) Im Hotel.
(b) Zu Hause. (d) Auf einem Schiff.

10. „Meine Damen und Herren! Somit ist die Führung durch das Münster beendet."
„Klaus, gib dem Führer doch eine Mark Trinkgeld. Seinen Kommentar fand ich höchst interessant."

   (a) In einem Dom.   (c) In einem Restaurant.
   (b) An einem Taxistand.   (d) Vor einem Bahnhof.

11. „Das Auskunftsbüro scheint geschlossen zu sein. Was können wir machen? "
„Sehen wir, ob es irgendwo einen Fahrplan gibt."

   (a) Im Auskunftsbüro.   (c) Auf dem Bahnhof.
   (b) In der Stadtmitte.   (d) Zu Hause vor dem Ausgehen.

12. „Welche Plätze möchten Sie haben? "
„Ich will wegen Schwerhörigkeit ganz vorne sitzen."
„Also nehmen Sie die beiden in der vorderen Reihe."

   (a) In der Halle eines Flughafens.   (c) In einem Reisebüro.
   (b) An einer Theaterkasse.   (d) In einem Restaurant.

13. „Wie finden Sie die Überfahrt? "
„Eigentlich ganz schön. Sonst fliege ich, aber so hat man Zeit, um sich auszuruhen, und die Seeluft tut wohl."

   (a) In einem Flugzeug.   (c) Auf einem Dampfer.
   (b) An der See.   (d) In einem Tourenbus.

14. „Wie du siehst, Karl, das Gemüse ist hier viel billiger, und auch frisch."
„Ja, die Bauern haben hier einen Stand und brauchen kein Geschäft zu mieten, also können sie billiger verkaufen."

   (a) Auf einem Bauernhof.   (c) An einem Zeitungsstand.
   (b) Auf einem Markt.   (d) In einem Gemüsegeschäft.

15. „Liese, reich' mir bitte die große Bratpfanne! Heute gibt es Bratkartoffeln."
„Wunderbar, Mutter; bekommen wir auch Salat dazu? "

   (a) In der Küche.   (c) Im Restaurant.
   (b) Im Gemüseladen.   (d) Im Eßzimmer.

(All above Associated Lancashire Schools Examining Board)

In each of the following questions, select the reply which is most likely to be made to the opening remark.

1. „Hast du genug Taschengeld? "

    (*a*) Die Bank ist leider besetzt.
    (*b*) Kannst du mir eine Mark im voraus geben?
    (*c*) Du kannst in meiner Handtasche nachsehen.
    (*d*) Kannst du etwas sparen?

2. „Nehmen Sie Zucker im Tee? "

    (*a*) Danke, es ist schon süß genug.
    (*b*) Danke, ich möchte schlank bleiben.
    (*c*) Danke, Zuckerwaren schmecken mir nicht.
    (*d*) Danke, das ist süß von Ihnen.

3. „Sonst noch etwas, bitte? "

    (*a*) Ich denke, das wäre alles.
    (*b*) Was haben Sie noch?
    (*c*) Darf ich noch etwas haben?
    (*d*) Danke, ich bin schon satt.

4. „Steh' doch auf, denn es ist schon spät!"

    (*a*) Wieviel Uhr ist es?
    (*b*) Ich stehe immer früh auf.
    (*c*) Er steht schon lange da.
    (*d*) Das ist ja schön.

5. „Leider habe ich nur einen Fünfzigmarkschein."

    (*a*) Da haben Sie Glück.
    (*b*) So viel kostet es nicht.
    (*c*) Schon gut, ich kann herausgeben.
    (*d*) Mit Geld kann man alles machen.

6. „Fahren Sie mich bitte zum Bahnhof."

    (*a*) Meinen Sie den Hauptbahnhof?
    (*b*) Der Zug ist schon abgefahren.
    (*c*) Den Bahnhof kenne ich nicht.
    (*d*) Fahren Sie denn gern mit der Bahn?

7. „Darf ich meine Frau vorstellen?"

    (a) Nein, sie muß hinten stehen.
    (b) Es freut mich, Sie kennenzulernen.
    (c) Ich kenne sie schon lange.
    (d) Ich habe noch keine Frau.

8. „Am besten warten wir auf den nächsten Bus."

    (a) Ja, im Bus kann man gut warten.
    (b) Ich glaube, er ist schon vorbeigefahren.
    (c) Ja, ich warte immer gern.
    (d) Nein, gehen wir lieber zu Fuß.

9. „Ist hier in der Nähe ein öffentlicher Fernsprecher?"

    (a) Nein, wir haben hier leider kein Telefon.
    (b) Ja, die nächste Telefonzelle ist hundert
        Meter weiter.
    (c) Nein, aber Sie können mich anrufen.
    (d) Ja, welche Nummer wollen Sie denn?

10. „Darf ich nach Ihrer Adresse fragen?"

    (a) Ja, fragen Sie einen Schutzmann danach.
    (b) Ich wohne augenblicklich im Gasthaus Post.
    (c) Wenn ich keine Wohnung finde, so bleibe ich hier.
    (d) Ja, dann schreibe ich Ihnen einen Brief.

11. „Hast du seine Nummer im Telefonbuch nachgeschlagen?"

    (a) Ja, aber komischerweise steht sie nicht darin.
    (b) Ja, er ist eine ganz besondere Nummer.
    (c) Nein, ich hatte es nicht bei mir.
    (d) Nein, so etwas macht man nicht mehr.

12. „Entschuldigen Sie, bitte. Geht es hier zum Strandbad?"

    (a) Ja, das möchte ich gerne.
    (b) Nein, ich bin noch nie da gewesen.
    (c) Ja, schwimmen Sie immer geradeaus.
    (d) Nein, Sie gehen ganz verkehrt.

13. ,,Stell' dir mal vor, was ich heute in der Stadtmitte gesehen habe!"

      (*a*) Darf ich mich vorstellen?
      (*b*) Was denn?
      (*c*) Das kann ich nicht verstehen.
      (*d*) Wer war dort?

14. ,,Warten Sie schon lange auf den Bus? "

      (*a*) Ja, ich fahre schon lange mit dieser Linie.
      (*b*) Nein, noch nicht eine Stunde.
      (*c*) Ja, ich mußte noch nie so lange warten.
      (*d*) Nein, diesmal kam er sofort.

15. ,,Karl! Wir haben uns lange nicht gesehen!"

      (*a*) Nein, ich habe dich ganz vergessen.
      (*b*) Nein, die Zeit vergeht langsam, nicht?
      (*c*) Nein, aber wir kennen uns noch nicht lange.
      (*d*) Nein, aber ich habe dich sofort wiedererkannt.

16. ,,Wie gefällt es Ihnen hier in Deutschland? "

      (*a*) Die Leute sind sehr freundlich.
      (*b*) Ich bin gerade gefallen.
      (*c*) Es fällt mir immer schwer.
      (*d*) Ich bin noch nie da gewesen.

17. ,,Also gute Reise! Nur vorsichtig fahren!"

      (*a*) Achtung! der Zug fährt ab.
      (*b*) Keine Spur. Ich fahre immer mit Tempo.
      (*c*) Hab' keine Angst. Wir passen auf.
      (*d*) Wenn die Bremsen bloß in Ordnung sind!

18. ,,Waren Sie schon einmal im Schwarzwald? "

      (*a*) Ja, ich habe immer Angst. Es ist nämlich so dunkel.
      (*b*) Ja, ich war letztes Jahr auch hier.
      (*c*) Nein, ich habe den Schwarzwald im April besucht.
      (*d*) Nein, ich war nicht lange hier.

19. ,,Es tut mir leid, daß wir so spät kommen. Wir haben Fritz überall gesucht, aber umsonst."

      (*a*) Macht nichts. Er ist wohl in den Wald spazierengegangen.

(*b*) Warum ist er nicht mitgekommen?

(*c*) Habt ihr ihn gut untersucht?

(*d*) Aber ihr wart auch gestern bei Fritz.

20. „Hier können Sie nicht überholen."

    (*a*) Nein, die Ampel ist rot.

    (*b*) Doch, der Lastwagen fährt so langsam.

    (*c*) Doch, es ist polizeilich verboten.

    (*d*) Nein, es gibt nicht viel Verkehr.

(*All above Associated Lancashire Schools Examining Board*)

EXAMPLE FIVE

Read the following passages. Then answer the questions which follow by choosing the most suitable alternative in each case.

A

„So" sagte mein Vater, „das fehlte noch. Gestern brannte die Birne in der Deckenlampe so trüb und heute ist es ganz aus mit ihr. Jetzt muß ich eine neue anmachen."

Er nahm eine neue Birne aus dem Küchenschrank. Dann holte er eine Trittleiter aus dem Keller, stieg hinauf und schraubte die neue Glühbirne hinein. Als er herunter wollte, rutschte die Leiter aus und Vater lag auf dem Fußboden. Zum Glück fiel er auf den weichen Teppich.

1. Welche Arbeit mußte Vater heute tun?

    Er mußte (*a*) die Deckenlampe in Ordnung bringen.

            (*b*) eine neue Glühbirne kaufen.

            (*c*) die Zimmerdecke anstreichen.

            (*d*) eine Stehlampe machen.

2. Warum war das Licht im Zimmer gestern schlecht?

    Es war schlecht, weil

    (*a*) eine Lampe fehlte.

    (*b*) es keinen elektrischen Strom gab.

    (*c*) die Lampe schon trüb zu brennen begann.

    (*d*) man das Licht nicht angemacht hatte.

3. Wozu brauchte Vater eine Trittleiter?
   Er brauchte eine Trittleiter,
   (*a*) um eine Glühbirne aus dem Küchenschrank zu holen.
   (*b*) um in den Keller zu steigen.
   (*c*) um eine neue Glühbirne in die Deckenlampe einzuschrauben.
   (*d*) um die Küche zu putzen.

4. Warum war Vater auf dem Fußboden?
   Er war auf dem Fußboden, weil
   (*a*) er von der Leiter gerutscht war.
   (*b*) er den Teppich klopfte.
   (*c*) er sich ausruhte.
   (*d*) die Lampe heruntergefallen war.

5. Warum hatte Vater Glück?
   Er hatte Glück,
   (*a*) weil er die Treppe herunterfiel.
   (*b*) weil er auf dem Fußboden schlief.
   (*c*) weil der Fußboden mit einem Teppich bedeckt war.
   (*d*) weil die Lampe jetzt hell brannte.

   (*Associated Lancashire Schools Examining Board*)

B

Letzten Sommer hat die Familie Brecht ein neues Haus gekauft. Es ist in der Nähe von einem Dorf nicht sehr weit von Iserlohn. Das Haus ist ein Kilometer vom Dorf entfernt und liegt im Wald etwa 300 Meter von der Iserlohnerlandstraße. Früher hatte die Familie eine Wohnung am Bahnhofsplatz in Dortmund. Da hörte man Tag und Nacht den Lärm des Verkehrs. Jetzt hört man ein Auto nur wenn der Förster vorbeikommt.

   (*West Midlands Examination Board*)

1. Wo wohnt die Familie Brecht?
   Sie wohnt (*a*) in einem Wald.
              (*b*) am Bahnhofsplatz.
              (*c*) in Dortmund.
              (*d*) in Iserlohn.

143

2. Was hat die Familie Brecht letzten Sommer gemacht?
Letzten Sommer hat die Familie Brecht
(a) eine Wohnung in Dortmund gekauft.
(b) ein Auto von dem Förster gekauft.
(c) ihre Ferien im Wald verbracht.
(d) sich umgezogen.

C

Jeden Freitag geht Frau Meineke einkaufen. Sie verläßt das Haus schon um 8 Uhr, um mit dem Postbus in die Großstadt zu fahren. Dort ist alles nämlich viel billiger als in einem Dorf wie Kemel. Sie muß den ganzen Tag in der Stadt bleiben, weil die Postbüsse nur frühmorgens und spätnachmittags fahren, aber das macht ihr nichts aus. Sie ißt zu Mittag im Kaufhaus Schmidt, und nachdem sie ihre Einkäufe gemacht hat, besucht sie ihre Freundin Frau Bremer, um mit ihr zu sprechen, während sie auf den Bus wartet.

(West Midlands Examination Board)

1. Warum fährt Frau Meineke jeden Freitag in die Großstadt?
Sie fährt jeden Freitag in die Großstadt,
(a) um im Kaufhaus Schmidt zu Mittag zu essen.
(b) um mit ihrer Freundin Frau Bremer zu sprechen.
(c) um im Büro zu arbeiten.
(d) um einzukaufen.

2. Warum bleibt sie den ganzen Tag da?
Sie bleibt den ganzen Tag da,
(a) weil sie so viel zu kaufen hat.
(b) weil sie im Büro arbeiten muß.
(c) weil kein Bus früher fährt.
(d) weil sie so gern ihre Freundin besucht.

D

Um ein Uhr erreichten die beiden Wanderer den Turm. In dem Wald war es ganz kühl gewesen. Als sie vom Dorf heraufstiegen, hatten sie kein Haus und auch keinen Menschen gesehen, und sie hatten keine Lust gehabt, eine Pause zu machen, um sich auszuruhen. Als sie endlich oben waren, waren sie also müde. Der leichte Regen hatte jetzt aufgehört. Die Sonne schien, es gab keinen Wind, und sie wollten sich hinsetzen, um die Butterbrote zu essen, die sie vom Gasthaus heraufgebracht hatten. Sie hatten St. Goar vor zwei Stunden verlassen, und jetzt sah es im Tal sehr klein aus.

(West Midlands Examination Board)

1. Wo stand der Turm?
   Er stand (*a*) im Wald.
          (*b*) im Tal.
          (*c*) in St. Goar.
          (*d*) auf einem Berg.

2. Warum waren die beiden Wanderer müde?
   Sie waren müde, (*a*) weil sie ohne Pause bergauf gestiegen waren.
          (*b*) weil es geregnet hatte.
          (*c*) weil sie nichts gegessen hatten.
          (*d*) weil sie sich ausruhen wollten.

3. Was konnten sie unten im Tal sehen?
   Sie konnten (*a*) kein Haus und keinen Menschen sehen.
          (*b*) den Turm sehen.
          (*c*) das Dorf sehen.
          (*d*) das Gasthaus sehen.

E

— Na, Udo. Was möchtest du heute nachmittag machen?
— Ich weiß nicht, Liesl. Vielleicht gehe ich einkaufen. Morgen hat Petra Geburtstag, und sie hat mich eingeladen. Ich möchte ihr eine Schallplatte kaufen, aber ich habe nicht genug Geld.
— Vater! Udo braucht sein Taschengeld. Er will seiner neuen Freundin eine Platte kaufen.

— Also gut, Udo. Hier hast du deine 10 Mark. Aber heute darfst du nicht in die Stadt.

— Ach, Vati. Morgen ist Sonntag, und die Läden sind geschlossen.

— Es tut mir leid, Udo. Wir müssen heute Tante Leonore besuchen. Sie liegt im Krankenhaus in München, und wenn wir zeitig ankommen wollen, müssen wir in einer halben Stunde abfahren.

— Ach, wie langweilig! Tante Leonore ist ganz nett, aber Krankenhäuser gefallen mir gar nicht.

1. Was ist richtig?
    (a) Udo möchte eine Platte für seine Tante kaufen.
    (b) Udo muß mit seinen Eltern nach München fahren.
    (c) Udo darf sein Taschengeld erst morgen bekommen.
    (d) Udo will mit Petra einkaufen gehen.

2. Warum kann Udo die Platte heute nicht kaufen?
    Er kann sie nicht kaufen,
    (a) weil er nicht genug Geld hat.
    (b) weil sie bestimmt mehr als 10 Mark kostet.
    (c) weil die Läden geschlossen sind.
    (d) weil er keine Zeit hat, einkaufen zu gehen.

3. Warum wollen sie Tante Leonore besuchen?
    Sie wollen sie besuchen,
    (a) weil die Läden geschlossen sind.
    (b) weil sie ganz nett ist.
    (c) weil sie in München ist.
    (d) weil sie krank ist.

4. Warum hat Udo keine Lust, seine Tante zu besuchen?
    Er hat keine Lust, sie zu besuchen,
    (a) weil er mit seiner neuen Freundin in die Stadt will.
    (b) weil Petra heute Geburtstag hat.
    (c) weil er ein Geschenk kaufen will.
    (d) weil er Tante Leonore nicht mag.

(West Midlands Examination Board)

F

—Jochen, wohin wollen wir denn auf Urlaub fahren?

—Na, Ursel. Ich habe diese Prospekte heute im Reisebüro bekommen—Jugoslawien, Spanien, Italien. Schau, diese Bilder von Italien sind sehr schön, nicht wahr?

—Ja, sehr schön, Jochen. Ich habe heute Herrn Strauß gesehen. Er war letztes Jahr in England und hat sich prima amüsiert.

—Aber Ursel, das ist ja Unsinn. Vor zwei Wochen habe ich auch mit Herrn Strauß gesprochen. „Mein lieber Jochen!" sagte er „Fahr nicht nach England. Dort ist das Wetter schrecklich. Ich war im Juli da, und ich habe mich erkältet."

—Ich schlage vor, wir fahren dieses Jahr dahin.

—Aber nein, Ursel. Lieber nach Spanien—schönes Wetter und nicht sehr teuer.

—Das Wetter da ist unerträglich heiß.

—Aber Ursel, 1970 in Italien war das Wetter auch sehr warm, und du hast dich recht gut amüsiert. Fahren wir wieder nach Italien?

—Nein! Das stimmt aber nicht. Jugoslawien ist mir auch zu warm. Wenn ich nicht nach England kann, so bleibe ich lieber zu Hause.

—Also gut. Wir fahren dahin.

1. Was hat Jochen heute gemacht?

   (*a*) Er hat sich erkältet.
   (*b*) Er hat auch mit Herrn Strauß gesprochen.
   (*c*) Er hat das Reisebüro besucht.
   (*d*) Er hat schöne Bilder von Italien gemacht.

2. Warum hat Jochen keine Lust, nach England zu fahren?
   Er hat keine Lust, nach England zu fahren,
   (*a*) weil es so oft dort regnet.
   (*b*) weil seine Frau dahin fahren will.
   (*c*) weil seine Frau lieber zu Hause bleiben will.
   (*d*) weil alles da zu teuer ist.

3. Warum will Ursel nicht nach Spanien fahren?
   Sie will nicht nach Spanien fahren,
   (*a*) weil sie lieber zu Hause bleiben will.
   (*b*) weil es da zu heiß ist.
   (*c*) weil es da ganz teuer ist.
   (*d*) weil sie lieber wieder nach Italien fährt.

4. Was wollen sie endlich machen?
   Sie wollen endlich
   (*a*) zu Hause bleiben.
   (*b*) nach Jugoslawien fahren.
   (*c*) wieder nach Italien fahren.
   (*d*) nach England fahren.

(*West Midlands Examination Board*)

G

Hans sah auf die Bahnhofsuhr hinter ihm. Schon 10 nach 7. Der
Film fing um 7 an, und zu Fuß war das Kino noch fünf Minuten.
Wo konnte Petra sein? Er ging schnell die Poststraße auf und ab.
Der Postbus aus Alterndorf war schon angekommen, aber keine
Petra. Vielleicht war sie krank. Nein, das war unmöglich. Sie
hatten sich vor zwei Stunden im Park gesehen, als er vom Büro
nach Hause fahren wollte, und sie hatte kein Wort darüber gesagt.
Also, was war denn passiert? Bestimmt ein Unfall. Sollte er
vielleicht das Krankenhaus anrufen. . . .?
Dann hörte er Petras wohlbekannte Stimme hinter ihm.
,,Sei nicht böse, Hans. Der Bus ist früh abgefahren, und dann ist
der Paul in seinem roten Sportwagen herangefahren, aber als ich
sagte, daß ich mit dir ins Kino gehe, ist er gleich abgefahren. So
mußte ich endlich die ganze Strecke laufen. Das hat so lange
gedauert, bis ich zum Bahnhof kam.''

1. Wo wartete Hans auf Petra?
   Er wartete (*a*) vor der Post.
              (*b*) im Park.
              (*c*) vor dem Kino.
              (*d*) vor dem Bahnhof.

2. Wie wurde Hans, als Petra nicht kam?
   (*a*) Er wurde krank.
   (*b*) Er wurde ängstlich.
   (*c*) Er wurde böse.
   (*d*) Er wurde müde.

3. Wie war Petra in die Stadt gekommen?
   (*a*) Sie war mit dem Bus gekommen.
   (*b*) Sie war mit dem Zug gekommen.
   (*c*) Sie war mit dem Auto gekommen.
   (*d*) Sie war zu Fuß gekommen.

(West Midlands Examination Board)

H

Als Dieter und Paul eines Abends nach Hause gingen, begegneten sie ihrem Freund Peter vor dem Kino. Er hatte den Abend bei seiner Freundin Karin und ihrer Schwester Inge verbracht. Dieter und Paul waren jetzt müde, denn sie hatten den ganzen Abend beim Sportverein geturnt. Sie wohnten alle in der Nähe des Krankenhauses in Neuhausen, und jetzt gingen die drei langsam dahin.

Als sie um Mitternacht vor dem Schillertheater waren, bemerkten sie zwei schwarzgekleidete Männer, die auf der anderen Seite des Marktplatzes über die Mauer in den Posthof kletterten. Sie hatten große Säcke mit und waren offenbar im Begriff einzubrechen.

1. Wo hatten Dieter und Paul den Abend verbracht?
   Sie hatten den Abend
   (*a*) bei Karin und Inge verbracht.
   (*b*) in der Turnhalle verbracht.
   (*c*) in der Nähe des Krankenhauses verbracht.
   (*d*) in dem Kino verbracht.

2. Wo waren die Jungen, als sie die Einbrecher sahen?
   Die Jungen waren
   (*a*) in der Nähe des Krankenhauses.
   (*b*) vor der Post.
   (*c*) beim Sportverein.
   (*d*) auf dem Marktplatz.

3. Warum waren die beiden Männer offenbar Einbrecher?
Sie waren offenbar Einbrecher,
(*a*) weil sie große Säcke hatten.
(*b*) weil sie über die Mauer stiegen.
(*c*) weil sie um Mitternacht arbeiteten.
(*d*) weil sie schwarz gekleidet waren.

(*West Midlands Examination Board*)

I

Eines Tages, als Herr Brunner an der Autofabrik vorbeifuhr, hatte er einen Unfall, und man mußte ihn ins Krankenhaus bringen. Er war acht Tage da, und dann mußte er noch zwei Wochen zu Hause verbringen. Am Mittwoch dem 27. Februar mußte er dann wieder zum Krankenhaus gehen, damit man ihn wieder untersuchen konnte.

Als er ins Krankenhaus eintrat, sah er zu seinem Erstaunen seinen Chef Herrn Doktor Künstler. Was machte er denn da? Warum war er nicht in seinem Büro in der Bank? Dann kam der Herr Doktor auf ihn zu, und bald erfuhr Herr Brunner alles. Die Frau Doktor hatte sich an jenem Morgen das Bein gebrochen, und er wollte sie gerade besuchen.

1. Wann ist der Autounfall passiert?
(*a*) Er ist vor drei Wochen passiert.
(*b*) Er ist vor zwei Wochen passiert.
(*c*) Er ist vor acht Tagen passiert.
(*d*) Er ist am 27. Februar passiert.

2. Wo arbeitete Herr Brunner?
(*a*) Er arbeitete in einer Bank.
(*b*) Er arbeitete in einem Krankenhaus.
(*c*) Er arbeitete zu Hause.
(*d*) Er arbeitete in einer Autofabrik.

3. Warum war Doktor Künstler da?
Er war da,
(*a*) weil er in diesem Krankenhaus arbeitete.
(*b*) weil er mit Herrn Brunner sprechen wollte.
(*c*) weil er krank war.
(*d*) weil er seine Frau besuchen wollte.

(*West Midlands Examination Board*)

9

Questions on aural comprehension passages

(For the texts of these passages see p.221)

1. A TRIP TO THE SEA

1. Where does the Brockmeyer family go when it feels like a day at the sea?
2. When was this particular occasion?
3. When did they pack the car?
4. What made them certain they wanted to go?
5. About how long did the journey take?
6. What was the weather like when they arrived?
7. Where did they go when they arrived?
8. Why was Herr Brockmeyer perspiring when they finally reached the place?

*   *   *

9. What was the first thing they did after sorting out their things?
10. Where did they spend half an hour?
11. Who later went into the dunes?
12. Why?
13. How did Herr Brockmeyer help with the picnic?
14. What did Frau Brockmeyer do meanwhile?

(West Midlands Examination Board)

2. A YOUNG MAN TRIES TO MAKE A QUICK FORTUNE

1. In which country and when did the incident take place?
2. What did Georg Krüger intend doing if he suddenly became rich?

3. What was his plan for making money?
4. How did he first get the idea?
5. When did Krüger go to see Schmidt?
6. What did Schmidt give Krüger?
7. What did Schmidt advise him to do? For what reason?

* * *

8. What did Krüger learn about the diamonds?
9. Where did he go next?
10. How much money had he saved?
11. When and to whom did Krüger try to sell the diamonds?
12. Why was he so upset?

(Welsh Joint Education Committee)

3. JULIUS IS AFRAID OF THE POLICE

1. What was the weather like on that day?
2. Whom did the policemen address?
3. How old were most of the children?
4. Why did the police not speak to the other boy mentioned in the text?
5. What made it fairly obvious who the eldest boy was?

* * *

6. What help did the police require from the boy?
7. Why did the boy want to run away when the police spoke to him?
8. Why did he stay?
9. What do you think was probably in the leather bag the man was carrying?
10. For what purpose, do you think the boy had to get into the police car?

(S.E. Regional Examinations Board)

4. FAREWELL AT THE STATION

1. Wer reist ab?
2. Welche Tageszeit ist es?
3. Wieviel Zeit haben Rolf und Helga, bevor der Zug abfährt?
4. Warum will Helga nicht in Hannover übernachten?

* * *

5. Wieviel Geld gibt Rolf seiner Schwester?
6. Was kauft Helga am Kiosk?
7. Was bringt Helga ihrer Tante mit?
8. Warum gibt Rolf seiner Schwester keinen Kuß?
9. Warum soll Helga im Zug nicht einschlafen?
10. Was macht Helga, sobald sie im Zug ist?

(Middlesex Regional Examining Board)

5. DETECTIVES COME TO SCHOOL

1. State two facts which show that this incident occurred in winter.
2. In what country did it take place?
3. How late was the teacher?
4. How did the boys behave until he arrived?
5. Describe the arrival of the teacher, and what did he say as soon as he appeared?
6. What was the effect on the boys of the arrival of the headmaster?

* * *

7. How did the boys react when they saw the police inspector?
8. What were the three 'crimes' that the boys remembered they had committed?
9. When had these been committed?
10. What was the reason for the inspector's visit?
11. Why had the headmaster gone to see the class teacher before alarming the police?

(Metropolitan Regional Examinations Board)

6. A HOLIDAY ADVENTURE

1. What was the weather like on the day of this incident?
2. What did the campers do after breakfast?
3. Where were the two men when they were first noticed?
4. What were the men wearing?
5. How old was the boy who was lost?
6. Who was with the boy?
7. When had they left home?
8. What did the policeman ask the campers to do?

153

9. Where were the children found?
10. In what condition were the children when they were found?

(*N.W. Secondary School Examinations Board*)

7. A DAY AT THE SEA

1. On what day of the week did this incident take place?
2. Where did the children prefer to go?
3. How did the family get there?
4. How long did the journey take?
5. What were the children doing during the walk?

*   *   *

6. Why were they unable to return?
7. Where did they try to go first of all?
8. What were they obliged to do?
9. Why was Frau Huber so annoyed?
10. How did the children react to the situation? Why?
11. What had they brought with them?
12. What did they do when the tide went out?

(*Welsh Joint Education Committee*)

8. THE CLASS OUTING

1. Which district did the class visit?
2. Where did the coach leave from?
3. What did they do on the way?
4. Where was the first stop?
5. Where is this town situated?
6. What did the story-teller do here?
7. Why is the Kaiserpfalz so called?

*   *   *

8. In which direction did the coach then go?
9. Name two things typical of the countryside.
10. What was the next stopping place?
11. Why do many holiday-makers come to this spot?
12. What connection does it have with Bremen?
13. In what way was the class fortunate during its visit?

(*West Midlands Examinations Board*)

9. RUDI CALLS ROUND FOR INGE

1. Wann sollte Inge nach Hause kommen?
2. Warum sollte sie nicht spät zurückkommen?
3. Wie alt war sie?
4. Warum wollte Inge nicht ihren Mantel anziehen?
5. Wer war Rudi?

* * *

6. Woher wußte man, daß Rudi gekommen war?
7. Warum durfte nur Rudis Vater mit dem Merzedes fahren?
8. Warum kam Inge nicht gleich an die Tür?
9. Wo wollten Inge und Rudi den Abend verbringen?
10. Warum bot Inges Mutter dem Jungen keine Zigarette an?

(S.E. Regional Examinations Board)

10. THE JOURNEY TO GERMANY

1. Why did Jean have to change trains?
2. What would she have liked to ask the boy sitting opposite her?
3. Why did not she ask him?
4. How did she know that the train was approaching Cologne?
5. What was she worried about?

* * *

6. How did she manage to get the boy to help her?
7. What convinced her that they had in fact arrived at Cologne?
8. Why could not she catch a connecting train?
9. With whom was she going to stay and where did he live?
10. How did the boy suggest they should spend the rest of the night?

(S.E. Regional Examinations Board)

11. AN ANNOYING MISTAKE

1. Where did Hugo have to be at seven o'clock?
2. How long did it take him to get there?
3. How did he travel?
4. How often did he go?
5. Why did he switch off the alarm?

155

6. Why was he suddenly surprised?

*   *   *

7. What did he hear when he turned on the radio?
8. What was his immediate thought?
9. How did he eventually find out the correct time?
10. How many hours sleep had he lost?
11. What did he decide to do?
12. What did his wife want to know?

(Metropolitan Regional Examinations Board)

12. HOLIDAY DIFFICULTIES

1. To which city are the Pinnebergs going for their holidays?
2. What do they each want to do there?
3. How much holiday do they have?
4. What occupations do they normally follow?
5. At what stage in the journey does Frau Pinneberg suddenly decide she wants her handbag?

*   *   *

6. What is Frau Pinneberg unable to find?
7. Exactly where is it?
8. How did she come to make her mistake?
9. Why can't Herr Pinneberg turn back?
10. Why does he make the remark about the kitchen window?

(West Midlands Examination Board)

13. RITA GOES SHOPPING

1. What was Rita meant to buy?
2. How much time did she have?
3. Where did her father work?
4. At what time did her father like to be back at work after lunch?
5. What did she buy apart from what her mother had ordered?
6. Why were her brothers not at school and what were they doing?

*   *   *

7. When and why did she lose the rest of her money?
8. Why did she not pick it up again?
9. In what way was Rita lucky?
10. How much money did she need for the fare and how exactly did she get it?

(Middlesex Regional Examining Board)

14. MANFRED'S BAD DAY

1. What age was Manfred at the time of these incidents?
2. How many children were there altogether?
3. How long did it take them to reach the stream?
4. What was their first game?
5. When was it Manfred's turn?

*   *   *

6. Where was Manfred when he tripped?
7. How did the girls react?
8. Why did he feel so embarrassed?
9. What did one of his friends do?
10. Describe Manfred's appearance.
11. What did the boys do later?
12. What happened to Manfred this time? Why?

(Welsh Joint Education Committee)

15. THE ESCAPE

1. At what time of the year did the soldier attempt his escape?
2. Why did he choose a rainy day on which to escape?
3. Why was he allowed to stay in camp on the day in question?
4. How did he get out of the camp?
5. What did he do when he arrived at the station?
6. What was he afraid of during the journey?
7. What did he do as the train approached his destination?
8. When and how did he leave the train?
9. Where did he go after leaving the train?
10. What assistance did he get from the teacher?

(N.W. Secondary School Examinations Board)

16. AN UNHAPPY SECRETARY

1. Where did Traudi work?
2. What was the main reason why she felt sad today?
3. Where was Eberhard?
4. When had he gone?
5. Why?
6. Why did she stop typing?
7. Give an example of how she liked to spend her spare time.

* * *

8. How did Traudi regard Herr Klett?
9. Where did her brother live?
10. What was his difficulty?
11. What did she plan to do?
12. What advantage would she gain from this?

(*West Midlands Examinations Board*)

17. HANS GETS UP AND GOES TO SCHOOL

1. An welchem Tag fand die Geschichte statt?
2. Was hatte Hans in der zweiten Stunde?
3. Was hatte er lieber, Deutsch oder Mathematik?
4. Zu welcher Zeit stand Hans gewöhnlich auf?
5. Warum wissen wir, daß es Winter war?
6. Wer putzte Hans meistens die Schuhe?

* * *

7. Warum trank er an jenem Morgen keinen Kaffee mehr?
8. Mit welcher Straßenbahn mußte er fahren?
9. Warum konnte Hans nicht in die erste Bahn einsteigen?
10. Warum war er ganz froh darüber?

(*S.E. Regional Examinations Board*)

18. AN EVENING OUT

1. Where are Helmut and Helga and what time is it?
2. Why have they come?
3. Where is their table?
4. What does Helmut want to have?

5. What does Helga want?
6. What reasons does she give for her choices?
7. What vegetables does Helmut order?
8. How long do they have to wait before the soup and wine arrive?
9. What does Helmut do with the wine?
10. What does the waiter finally do before wishing them a pleasant meal?

(West Midlands Examinations Board)

19. THE MATCH IS INTERRUPTED

1. Where and when does the match take place?
2. Describe the weather.
3. Who is playing?
4. Why is the sports master so pleased?
5. From where do the children suddenly hear the shouts?

*   *   *

6. What do we know about the man?
7. What does Peter do in order to help the man?
8. How is the man taken away?
9. How do Peter and Stephan feel when they return to the game?

(Metropolitan Regional Examinations Board)

20. A BURGLAR IS ARRESTED

1. What could the policemen see when they reached the house?
2. Where did the two policemen go?
3. How did one of the policemen gain access to the house?
4. Describe how he reached the room in which the light was shining.
5. What did he see in the room?
6. What was the man doing in the room?
7. How did the man attempt to avoid capture?
8. Why was he able to escape from the room without being caught?
9. What did the policeman do as he ran after the man?
10. Where and by whom was the man caught?

(N.W. Secondary School Examinations Board)

Grammar

10
Summary of grammar

THE VERB

WORD ORDER

160

NOUNS AND PRONOUNS, THE CASE SYSTEM

ADJECTIVES

USEFUL PHRASES; NUMBERS AND TIME

REFERENCE LIST OF VERBS   202

THE VERB

1. Present, Past, and Future Tenses

In English we have several ways of describing an action, e.g. the action of *writing*, and these vary according to the time when the action takes place. They are known as *Tenses*.

> This pen *writes* badly.
> This pen is *writing* better now.
> This pen *does write* well, doesn't it?

> I *wrote* a letter yesterday.
> Oh, but I *did write* a letter yesterday.
> Yes, I *have written* the letter already.

> I *shall write* my essay tomorrow.
> They *will write* their essays tonight.
> I *will be writing* another essay next week.

The sentences about *the pen* are all relating what is happening now. They all contain examples of *Present Tense* verbs. The sentences about *the letter* all describe what I did at some time in the past. They are all examples of the *Past Tense*. The sentences about *the essays* all describe something which is going to happen. They all contain *Future Tense* verbs.

2. Formation of the Present Tense

German has only one way of describing a Present tense action; there is *no* equivalent to *is writing* or *does write*.

German Present tenses fall into three groups according to the endings used:

(a) Group 1

The commonest pattern of endings is shown in the verbs *schreiben* and *machen*. This pattern should be used for all verbs about which you have been given no special information:

162

	schreib-en		mach-en
ich	schreib-e	ich	mach-e
du	schreib-st	du	mach-st
er	schreib-t	er	mach-t
wir	schreib-en	wir	mach-en
ihr	schreib-t	ihr	mach-t
sie	schreib-en	sie	mach-en

Note: If the stem of the verb ends in *S* or *Z* add only *T* to form the *du* part.

	e.g. sitz-en	du sitz-t
	reis-en	du reis-t

There are two sub-groups basically similar to *schreiben* and *machen* but having important differences:-

(b) *Group 1a*

Examples of this sub-group are the verbs *arbeiten* and *finden*.

		arbeit-en			find-en
	ich	arbeit-e		ich	find-e
*	du	arbeit-e-st	*	du	find-e-st
*	er	arbeit-e-t	*	er	find-e-t
	wir	arbeit-en		wir	find-en
*	ihr	arbeit-e-t	*	ihr	find-e-t
	sie	arbeit-en		sie	find-en

*Note the additional *E* with the *du, er* and *ihr* parts. This allows the *−ST* and *−T* endings to be pronounced more easily. Similar verbs are *antworten, warten, öffnen, senden*, etc.

163

(c) Group 1b

Examples of this sub-group are the verbs *fahren, helfen, sehen.*

fahr-en		helf-en		seh-en	
ich	fahr-e	ich	helf-e	ich	seh-e
*du	fähr-st	*du	hilf-st	*du	sieh-st
*er	fähr-t	*er	hilf-t	*er	sieh-t
wir	fahr-en	wir	helf-en	wir	seh-en
ihr	fahr-t	ihr	helf-t	ihr	seh-t
sie	fahr-en	sie	helf-en	sie	seh-en

Note that these verbs include a sound change with the *du* and *er* forms but that this is *not* found with the *ihr* form even though this also ends in *−T*.

Verbs such as these form part of the general group of *Strong Verbs* (see the notes on the formation of the Simple Past and Perfect tenses (p. 166 and p. 167) and the Verb List on p. 169.)

Other verbs like *fahren* are: halten, fallen, schlafen, schlagen, tragen, verlassen, waschen

Other verbs like *helfen* are: essen, geben, nehmen, sprechen, treffen, vergessen

Other verbs like *sehen* are: befehlen, empfehlen, lesen, stehlen

The verb *haben* is also similar to this group:

hab-en			
ich	hab-e	wir	hab-en
*du	ha-st	ihr	hab-t
*er	ha-t	sie	hab-en

(d) Group 2

A quite different pattern of endings is used for the present tenses of the following verbs:

	dürfen	können	mögen	müssen	sollen	wissen	wollen
ich	darf	kann	mag	muß	soll	weiß	will
du	darf-st	kann-st	mag-st	muß-t	soll-st	weiß-t	will-st
er	darf	kann	mag	muß	soll	weiß	will
wir	dürf-en	können	mög-en	müss-en	soll-en	wiss-en	woll-en
ihr	dürf-t	könn-t	mög-t	müß-t	soll-t	wiß-t	woll-t
sie	dürf-en	könn-en	mög-en	müss-en	soll-en	wiss-en	woll-en

Note: (*i*) All *ich* and *er* forms have no ending
(*ii*) All verbs except *sollen* have a sound change in the *ich, du* and *er* forms.
(*iii*) For details of the meanings and use of these verbs see Section 13.

(*e*) Special cases are the verbs *sein* and *werden*

	sein		werden
ich	bin	ich	werd-e
du	bist	du	wir-st
er	ist	er	wir-d
wir	sind	wir	werd-en
ihr	seid	ihr	werd-et
sie	sind	sie	werd-en

3. Formation of the Past Tenses.

In German there are two distinct ways of expressing events which have happened in the past (compare the English *I wrote* and *I have written*; *he ran* and *he has run*). These we shall call respectively the *Simple Past* and the *Perfect* tenses. When forming either of these tenses we must know whether the verb we are using is a *strong* or *weak* verb. (A reference list of all the strong verbs you are likely to meet is to be found on p. 169). Weak verbs form their Past tenses by the use of endings and strong verbs by their use of sound changes.

Warning: The Simple Past tense is often known as the *Imperfect*. Do not confuse what you may know about the French Imperfect tense with this German tense. In German it is an ordinary past tense like the English *I ran* and *I sang*. It has no additional meanings and it is often interchangeable with the Perfect tense.

(*a*) *Simple Past Tense of Weak Verbs*

mach-en		spiel-en	
ich	mach-te	ich	spiel-te
du	mach-test	du	spiel-test
er	mach-te	er	spiel-te
wir	mach-ten	wir	spiel-ten
ihr	mach-tet	ihr	spiel-tet
sie	mach-ten	sie	spiel-ten

Note: (*i*) *ich* and *er* parts are the same.
      (*ii*) All endings begin with *T*.
      (*iii*) Since all endings begin with *T* an additional *E* will be required with certain verbs (as with Present tense, Group 1*a*, e.g. *ich arbeit-e-te*).

(*b*) *Simple Past Tense of Strong Verbs*

fahren		helfen		sein	
ich	fuhr	ich	half	ich	war
du	fuhr-st	du	half-st	du	war-st
er	fuhr	er	half	er	war
wir	fuhr-en	wir	half-en	wir	war-en
ihr	fuhr-t	ihr	half-t	ihr	war-t
sie	fuhr-en	sie	half-en	sie	waren

Note: (*i*) *ich* and *er* parts are the same.
      (*ii*) The sound change occurs in every part.
      (*iii*) The sound change has to be known for each verb separately.

166

(c) Simple Past Tenses of Mixed Verbs

Certain verbs use both a sound change and the endings of weak verbs. They are sometimes known as *'Mixed' verbs*, for example:

denken		kennen		müssen		haben	
ich	dach-te	ich	kann-te	ich	muß-te	ich	hat-te
du	dach-test	du	kann-test	du	muß-test	du	hat-test
er	dach-te	er	kann-te	er	muß-te	er	hat-te
wir	dach-ten	wir	kann-ten	wir	muß-ten	wir	hat-ten
ihr	dach-tet	ihr	kann-tet	sie	muß-tet	ihr	hat-tet
sie	dach-ten	sie	kann-ten	sie	muß-ten	sie	hat-ten

For further verbs in this group see the reference list on p. 169 and Section 13 on Modal Verbs.

(d) Formation of the Perfect Tense

An English example of Perfect tense using the verb *to write* is *I have written*. This verb is made up of two parts:

> *have* which is known as the auxiliary verb
> *written* which is known as the *Past Participle*

The German method of forming the Perfect tense is similar — an auxiliary verb plus a Past Participle.

(i) Formation of the Past Participle

> For weak verbs   e.g. *machen*
>
> *ge* + stem of verb + *t* = ge-mach-t
>
> For strong verbs   e.g. *singen*
>
> *ge* + stem of verb with sound change + *en* = ge-sung-en

(As with the Simple Past tense, it is necessary to know the sound change required for each individual verb, for which the reference list should be consulted.)

For 'mixed' verbs   e.g. *denken*

ge + stem of verb with sound change + *t* = ge-dach-t

(The reference list should be consulted for all verbs in this group.)

> *Note*: (*i*) Special arrangements apply to the Past Participles of verbs with prefixes like *beginnen* and *mitkommen*. For these refer to the sections on Separable and Inseparable verbs (Sections 9 and 10).
>
> (*ii*) Verbs ending in *-ieren* (*passieren, sich rasieren*) have no *ge*-prefix to the Past Participle.

(*ii*) *German Auxiliary*

Just as English verbs make the Perfect with *have*, so *most* German verbs use *haben*. A few, however, especially verbs denoting movement from one spot to another, e.g. *kommen, gehen, fahren, laufen, fliegen*, etc., use *sein* (consult the reference list on p. 202 if in doubt).

machen	singen	gehen

ich habe gemacht	ich habe gesungen	ich bin gegangen
du hast gemacht	du hast gesungen	du bist gegangen
er hat gemacht	er hat gesungen	er ist gegangen

wir haben gemacht	wir haben gesungen	wir sind gegangen
ihr haben gemacht	ihr habt gesungen	ihr seid gegangen
sie haben gemacht	sie haben gesungen	sie sind gegangen

Note: (*i*) The Past Participle does not change its form.

> (*ii*) The Past Participle is usually put at the end of the sentence e.g.

> Sie haben immer sehr schön *gesungen*.
> Ich habe den Brief *gelesen*.
> Er hat einen langen Spaziergang *gemacht*.
> Wir haben eine Radtour *gemacht*.

4. Formation of the Pluperfect Tense

This tense corresponds to, as an example, the English *I had spoken*. In German it is formed in a similar way to the Perfect tense, using the past tense of *haben* or *sein* namely *hatte* or *war*, for example:

machen			gehen		
ich	hatte	gemacht	ich	war	gegangen
du	hattest	gemacht	du	warst	gegangen
er	hatte	gemacht	er	war	gegangen
wir	hatten	gemacht	wir	waren	gegangen
ihr	hattet	gemacht	ihr	wart	gegangen
sie	hatten	gemacht	sie	waren	gegangen

5. A List of Common Strong and Mixed Verbs

The 30 verbs listed below are all very common and should be known by everyone. A more complete reference list is on p. 202.

The *er* form of the Present tense is given when there is a change of sound.

Infinitive	Meaning	Present	Simple Past	Perfect
beginnen	begin		er begann	er hat begonnen
bekommen	receive		er bekam	er hat bekommen
bitten	request		er bat	er hat gebeten
bleiben	remain		er blieb	er ist geblieben
denken	think		er dachte	er hat gedacht
essen	eat	er ißt	er aß	er hat gegessen
fahren	go, drive	er fährt	er fuhr	er ist gefahren
fallen	fall	er fällt	er fiel	er ist gefallen
finden	find		er fand	er hat gefunden
geben	give	er gibt	er gab	er hat gegeben
gehen	go		er ging	er ist gegangen
haben	have	er hat	er hatte	er hat gehabt
kennen	know		er kannte	er hat gekannt
kommen	come		er kam	er ist gekommen
laufen	run	er läuft	er lief	er ist gelaufen
lesen	read	er liest	er las	er hat gelesen
nehmen	take	er nimmt	er nahm	er hat genommen
rufen	call		er rief	er hat gerufen
schlafen	sleep	er schläft	er schlief	er hat geschlafen
schreiben	write		er schrieb	er hat geschrieben
sehen	see	er sieht	er sah	er hat gesehen

169

sein	*be*	er ist	er war	er ist gewesen
stehen	*stand*		er stand	er hat gestanden
steigen	*climb*		er stieg	er ist gestiegen
tragen	*carry, wear*	er trägt	er trug	er hat getragen
trinken	*drink*		er trank	er hat getrunken
vergessen	*forget*	er vergißt	er vergaß	er hat vergessen
werden	*become*	er wird	er wurde	er ist geworden
wissen	*know*	er weiß	er wußte	er hat gewußt
ziehen	*pull*		er zog	er hat gezogen

6. Future Tense

German often uses the Present tense to express events which, strictly speaking, are to occur in the future.

e.g. Nächste Woche fahre ich nach Deutschland.

When a Future tense is required the Present tense of the verb *werden* (see Section 2(*e*)) is used together with the infinitive.

e.g. Er *wird* den Brief auf dem Tisch *finden*.
He will find the letter on the table.

Du *wirst* die Aufgabe schwer *finden*.
You will find the exercise difficult.

Note the position of the infinitive at the end of the sentence.

7. Giving Commands (the Imperative)

When we give a command we are usually thinking of the person we are speaking to, even though he is not named. When we say *Sit down* we mean *You! Sit down.*

Since there are in German three different forms of *you* (see Section 31 on pronouns) there are also three different command forms, each one deriving from one of the three *you* forms of the Present tense.

(*a*) If the situation is one where you would use *Sie* for *you* then *Stand up!* will be:
Stehen Sie auf! (using the *Sie* form of the Present tense)

170

(*b*) If the situation is one where you would use *ihr* for *you* then
Stand up! will be:
Steht auf! (using the *ihr* form of the Present tense)

(*c*) If the situation is one where you would use *du* for *you* then
Stand up! will be:
Steh(e) auf!

Note: The final *e* is optional. If the *du* part of the verb has a
sound change consisting of an Umlaut then this is disregarded:
fahren − du fährst − fahr(e)!

But if the sound change involves a *change of letter* then this is
retained in the command:
nehmen − du nimmst − nimm!

The three command forms for the verb *sein* are

seien Sie! (Sie)
seid!   (ihr)
sei!   (du)

8. Verb Prefixes

The following are all examples of verbs with prefixes:

List (a)

beschreiben
(*to describe*)

empfangen
(*to receive*)

entkommen
(*to escape*)

erkennen
(*to recognize*)

gefallen
(*to please*)

verstehen
(*to understand*)

List (b)

abfahren
(*to depart*)

anrufen
(*to telephone*)

aufstehen
(*to get up*)

aussehen
(*to appear*)

einsteigen
(*to get in*)

mitkommen
(*to come with*)

sich umdrehen
(*to turn round*)

zumachen
(*to close*)

171

(For the prefixes *hin—* und *her—* see note in Section 9 below.) Notice that the prefixes in *List (a)* (*be—, emp—, ent—, er—, ge—, ver—*) are in themselves meaningless and would become so if they were detached from the verb. These are known as *Inseparable Prefixes*.

The prefixes in *List (b)*, however, are independent words; they can therefore be detached from the verb. These are known as *Separable Prefixes*.

9. Separable Verbs

Here are some examples of sentences containing separable verbs. Note the position of the prefix in relation to the verb:

Der Zug *fährt* um 7 Uhr *ab*.	*The train departs at 7 o'clock.*
Der Zug muß um 7 Uhr *abfahren*.	*The train must depart at 7 o'clock.*
Als der Zug um 7 Uhr *abfuhr*, war er noch im Bett.	*When the train departed at 7 o'clock he was still in bed.*
Der Zug ist um 7 Uhr *abgefahren*.	*The train departed at 7 o'clock.*
Die Mutter *ruft* den Arzt *an*.	*The mother telephones the doctor.*
Die Mutter will den Arzt *anrufen*.	*The mother wants to telephone the doctor.*
Die Mutter hat den Arzt *angerufen*.	*The mother has telephoned the doctor.*
Als die Mutter den Arzt *anrief*, war er nicht da.	*When the mother telephoned the doctor, he was not there.*

Rules of German word order (see Sections 21–25 below) sometimes require the verb to be at the end of the clause or sentence. If this is so the prefix remains attached to the verb. However, if the verb is placed elsewhere in the sentence the prefix is placed at the end.

Note: The prefixes *hin—* and *her—*. These sometimes exist as normal separable prefixes (e.g. *sich hinsetzen* to sit down), but more often they are combined with other separable prefixes in such verbs as *hinuntergehen* (to go down) and *herunterkommen* (to come down).

The purpose of these two prefixes is to indicate the direction of movement *towards* (*her—*) or *away* (*hin—*) *from the speaker.*

172

For example:

Er steigt die Treppe hinunter. *He is climbing down the stairs.*
(away from the speaker who is therefore at the top)

Er steigt die Treppe herunter. *He is climbing down the stairs.*
(towards the speaker who is therefore at the bottom)

When we say *Herein!* for *Come in!* we are making full use of the prefix. *Ein* conveys the notion of 'in', and *her* — that of moving towards the speaker: an additional word for *come* is therefore unnecessary.

10. Inseparable Verbs

As explained above the prefixes of these verbs may not be detached. Such verbs are therefore used in exactly the same way as ordinary verbs, e.g.

Ich *bekomme* jede Woche einen Brief. *I get a letter every week.*

However, special care needs to be taken when the Perfect tense is being used. Since the prefix never leaves the verb it is not possible to use the *ge—* prefix normally found with the Past Participle. So we say:

Ich habe jede Woche einen Brief *bekommen*.

I have received a letter every week.

11. Notes on the Conjugation of Verbs with Prefixes

(*a*) If the 'parent' verb is a strong verb then all verbs derived from it will also be strong and have the same sound changes:

e.g.

finden	fand	gefunden
empfinden	empfand	empfunden
ausfinden	fand...aus	ausgefunden

(*b*) However, the auxiliary verb used with the Perfect may change since this depends on the meaning of the new verb, not on its origins.

e.g. kommen — ich *bin* gekommen (to come)
bekommen — ich *habe* bekommen (to obtain)

12. Reflexive Verbs

e.g.   to wash oneself   sich waschen

I wash myself	ich wasche mich
you wash yourself	du wäscht dich
he, she washes him/herself	er, sie wäscht sich

we wash ourselves	wir waschen uns
you wash yourselves	ihr wascht euch
they wash themselves	sie waschen sich

Note: Do not regard the pronoun *sich*, etc., as part of the verb to be positioned with the verb. It is really the object of the sentence, e.g.

Ich muß *mich* zuerst waschen. (I must first get washed.)
Er hat *sich* gleich gewaschen. (He got washed immediately.)

It is sometimes difficult to know when to use a reflexive verb since English and German usage is not similar in this respect:
e.g.

to get washed	= to wash oneself	sich waschen
to get dressed	= to dress oneself	sich anziehen
to have a rest	= to rest oneself	sich ausruhen
to sit down	= to seat oneself	sich setzen

13. Modal Verbs — Meanings

It is essential to understand the exact meanings of these verbs, which cannot always be represented in English by one word:

dürfen —   to have permission to do something. Therefore usually *to be allowed to* or *may* or, sometimes, *can*.

können —   to have the ability to do something. Therefore usually *to be able to* or *can*.

mögen —   *to like*

müssen   to be forced to do something. Therefore usually *to have to* or *must*.

sollen   to have an obligation to do something. (N.B. This is *not* the same as being forced to do something.) Therefore usually *to be supposed to* or *ought*.

wollen —   *to want to*

174

Note: (*i*) The difference between *dürfen* and *können*:

Hans darf Klavier spielen.	*Hans can play the piano (meaning he has been given permission).*
Hans kann Klavier spielen.	*Hans can play the piano (meaning he knows how to play).*

(*ii*) The difference between *müssen* and *sollen*:

Ich muß meine Hausaufgaben machen.	*I have to do my homework* (implying *I will*).
Ich soll meine Hausaufgaben machen.	*I have to do my homework* (but implying *I may find an excuse for not doing it*).

14. Modal Verbs – Forms

The *Present tenses* have already been given in Section 2(*d*).

In the formation of Past tenses Modal verbs behave as Mixed verbs (see Section 3(*c*) above).

The *Simple Past* tenses begin as follows:

dürfen – *ich durfte*	können – *ich konnte*	mögen – *ich mochte*
müssen – *ich mußte*	sollen – *ich sollte*	wollen – *ich wollte*

Note the disappearance of the Umlaut.

The *Perfect* tenses of the Modal verbs are not commonly used.

15. Ich möchte usw.

Grammatically this is the Simple Past Subjunctive of *mögen* (to like). Although this is a rare tense which you are not generally required to know, this particular one is of great practical importance since it means *I should like*, etc. It is also easy to use since it uses the same endings as the Simple Past tenses of the Modals. Thus

ich mochte = *I liked*   and   ich möchte = *I should like*

175

16. The Use of Modal Verbs

When employed in a sentence a modal verb is usually used in conjunction with another verb. This second verb is always an infinitive and is placed at the end of the sentence,

e.g. Wir *müssen* in die Stadt *fahren.*   We *must go* to town.
Ich *konnte* nicht *hören.*   I *couldn*'t *hear.*
Er *sollte* gleich nach Hause *gehen.*   He *was to go* home
       immediately.

17. Impersonal Verbs

Es gefällt mir.

You will know this way of saying *I like it.* However, what the expression really says is *It is pleasing to me* and, if we change the person concerned, *We like it* will be *Es gefällt uns.* The grammatical subject is *es*, the real subject *mir* or *uns*. This is an example of an *impersonal verb.* Here is a list of other useful impersonal verbs:

es gibt	*there is, there are*
Es klopft.	*Someone is knocking.*
Es klingelt.	*The bell is ringing.*
Es gelingt mir.	*I succeed.*
Es tut mir leid.	*I'm sorry.*
Es tut mir weh.	*It hurts me.*
Mir ist kalt, warm, schlecht.	*I feel cold, warm, sick.*
Wie geht es dir?	*How are you?*
Es geht mir gut.	*I am well.*
Wein schmeckt mir.	*I like (the taste of) wine.*

It will be seen that some of these expressions require a Dative pronoun to provide the real subject (like *es gefällt mir*), others (like *es klingelt*) do not. Where Dative pronouns are required the full range is:

Es gefällt *mir.*	It is pleasing to me.
Es gefällt *dir.*	It is pleasing to you.
Es gefällt *ihm, ihr.*	It is pleasing to him, her.
Es gefällt *uns.*	It is pleasing to us.
Es gefällt *euch.*	It is pleasing to you.
Es gefällt *ihnen.*	It is pleasing to them.

176

18. The Passive Voice

You may not be expected to be able to use Passive verbs, but you will have texts to read in which Passives occur. You will therefore need to be able to recognize and understand them. They will be commonest in their Simple Past form.

What is the Passive? Most sentences contain Active verbs — like this one:

This lucky man has found a large sum of money.

We are talking from the point of view of the finder so he is the subject and we have an *Active* sentence.

We may, however, want to make the same statement but with the emphasis on the money. We therefore make *a large sum of money* the subject:

A large sum of money has been found by this lucky man.

This is now a *Passive* sentence since the finder is no longer the subject. In fact some versions of this sentence might not mention the finder at all, perhaps because the speaker does not know who found it:

A large sum of money has been found, and the police are making enquiries.

19. The Passive in German

In German Passive verbs are made up by using the Past Participle of the verb concerned plus the appropriate tense of *werden* as an auxiliary. Here are some examples:

Das Geld *wurde* unter dem Fußboden *gefunden.*
The money was found under the floor.
Der Park *wird* jeden Abend *geschlossen.*
The park is closed each evening.
Die zwei Einbrecher *wurden* von der Polizei *verhaftet.*
The two burglars were arrested by the police.

WORD ORDER

20. Word Order in a Simple Sentence

The major factor in German word order is the position of the *verb*. Its most usual position is *second in the sentence*. Consider these two examples:

Sie	arbeiten	fleißig.
Mein Bruder und meine Schwester	arbeiten	fleißig.

Although more than one *word* precedes the verb in the second example there is only one *idea*. *Mein Bruder und meine Schwester* is only another way of stating the very same subject which is briefly given as *Sie* in the first example.

The two examples given above both begin — as do nearly all English sentences — with the subject of the verb. However, it is common in German for sentences to begin with some other part *especially if it is desired to emphasize it*. In such sentences the *verb* will still be placed *second* and the *subject* will be in *third* place, e.g.

Heute	arbeiten	mein Bruder und meine Schwester	fleißig.
Am Abend	kommt	er	oft mit dem Bus.
Mit dem Rad	kommt	mein Bruder	nie.
Diesen Mann	kenne	ich	nicht.

Note carefully *the relationship between subject and verb* — either subject *immediately followed* by the verb or verb *immediately followed by* the subject.

The English practice of splitting subject and verb by words such as *always* and *often* should be avoided, e.g.

He *often* arrives late.	Er kommt *oft* spät an.
They *always* buy me a present.	Sie kaufen mir *immer* ein Geschenk.

21. Word Order in Sentences with Compound Verbs

If a sentence has a *compound* verb (i.e. a verb made up of two parts) then the first part (usually an auxiliary or a modal verb)

178

occupies the normal second place and the second part (usually a past participle or an infinitive) is placed at the end of the sentence. Here are some examples:

Mein Bruder *kann* besser *spielen.*
Ich *möchte* nächstes Jahr nach Deutschland *fahren.*
Wir *haben* eine Radtour *gemacht.*
Die Polizei *wird* den Dieb nicht *finden.*

22. Complex Sentences — A Definition

Sentences are sometimes made up of two or more clauses. Such sentences are of two types.

Type (a)

1st clause	Linking word (conjunction)	2nd clause
The teacher tells us the work	and	we do the exercise.
My brother works hard	but	my sister is terribly lazy.

Type (b)

1st clause	Linking word (conjunction)	2nd clause
I will come	if	I have time.
He found it	when	he was going for a walk.
She gets good marks	because	she always works hard.

In the sentences demonstrated as *Type (a)* both clauses are of equal importance. Such clauses are known as *Co-ordinating Clauses.*

In the sentences demonstrated as *Type (b)* the first clause is clearly the more important: it states the basic fact whereas the second clause merely supplies additional detail. Such sentences are said to have a *Main Clause* and a *Subordinate Clause.*

If a sentence has a Subordinate Clause it is possible to construct it in an alternative way *beginning* with the conjunction, e.g. *If* I have time, I will come. This alternative method is not possible with Co-ordinating Clauses.

179

23. German Complex Sentences with Co-ordinate Clauses

The common co-ordinating conjunctions are:

und *and*   aber *but*   oder *or*   denn *because*

These conjunctions always occur in the middle of the sentence and never cause *any change* in the word order.

e.g.   Mein Vater fährt in die Stadt, *aber* ich bleibe zu Hause.
My father goes to town, but I stay at home.

24. German Complex Sentences with Subordinate Clauses

The common subordinating conjunctions are:

als *when*   bevor *before* da *as*   obgleich *although*
nachdem *after*   weil *because* wenn *if* or *whenever*

A German subordinate clause is indicated by placing its verb at the end.

e.g. . . . . wenn ich in die Stadt *fahre*
. . . . weil er sehr intelligent *ist*

Care is needed when a compound or two part verb is used. What happens is best demonstrated by studying what happens when an ordinary sentence is transformed into a subordinate clause:

Simple Sentence	*Subordinate Clause*

with one verb

| Ich fahre in die Stadt. | wenn ich in die Stadt fahre |
| Sie ist sehr intelligent. | weil sie sehr intelligent ist |

with a compound verb

| Ich kann morgen *kommen*. | wenn ich morgen *kommen* kann |
| Ich habe das Buch *gelesen*. | als ich das Buch *gelesen* habe |

Note carefully the positions of both parts of the verb.
As was said earlier (Section 22), it is often possible to begin a sentence with a subordinate clause. This must therefore be added

180

to the other possible ways of beginning a sentence mentioned in Section 20 and it will have the same effect on the word order of the main clause. e.g.

Heute	fand	er	das Geld.
Am nächsten Tag	fand	er	das Geld.
Als er nach Hause kam,	fand	er	das Geld.

25. German Sentence Patterns

What has been listed in Sections 20–24 may be summarized by way of a number of sentence patterns.

Pattern (a)

Subject	1st Verb	Predicate (if any)	2nd Verb (if any)
Fritz	kommt.		
Ich	gehe	nach Hause.	
Hans und Anna	wohnen	in Hamburg.	
Herr und Frau Schmidt	haben	zwei Jahre in Hamburg	gewohnt.
Die beiden Jungen	können	heute ins Kino	gehen.

Pattern (b)

Item to be emphasized	1st Verb	Subject	Predicate (if any)	2nd Verb (if any)
Im Sommer	komme	ich	zu Fuß.	
Diesen Mann	haben	wir	bestimmt nicht	gesehen.
Auf dem Marktplatz	dürfen	Sie	nach neun Uhr nicht	parken.

Pattern (c)

Subordinate Clause				Main Clause			
Conj.	Subj.	Pred. (if any)	Vb.	1st Vb.	Subj.	Predicate (if any)	2nd Vb. (if any)
Wenn	das Wetter	schlecht	ist,	fahren	wir	mit dem Bus.	
Wenn	du	krank	bist,	mußt	du	gleich ins Bett	gehen.

26. Order of Objects

Sometimes sentences contain both *Direct* and *Indirect* Objects. If these occur together in the sentence, the *Indirect* Object is placed first unless the *Direct* Object happens to be a pronoun.

Er gibt *seinem Bruder* das Buch.   *He gives his brother the book.*
Er gibt *ihm* das Buch.   *He gives him the book.*

181

Er gibt es *ihm*.   *He gives it to him.*
Er gibt es *seinem Bruder*.   *He gives it to his brother.*

27. Order of Adverbs

There are three main types of adverb or adverbial phrase:
(*a*) adverbs of time (*when* an event took place),
(*b*) adverbs of manner (*how* it took place),
(*c*) adverbs of place (*where* it took place).

If more than one type of adverb occurs in a German sentence then they must occur in the order *Time, Manner, Place*: e.g.

Er fährt ab.
He departs.

Er fährt *vom Hauptbahnhof* ab.
He departs from the main station.

Er fährt *mit dem Schnellzug* vom Hauptbahnhof ab.
He departs by express from the main station.

Er fährt *um zwei Uhr* mit dem Schnellzug vom Hauptbahnhof ab.
He departs by express from the main station at 2 o'clock.

NOUNS AND PRONOUNS, THE CASE SYSTEM

28. Noun Genders

There are a few simple rules which help considerably:

(*a*) Nouns referring to persons have a natural gender – *Onkel* is masculine, *Tante* feminine and so on. (The only common exceptions to this are *das Mädchen* and *das Kind.*)

(*b*) Nouns referring to jobs are usually masculine. If the feminine is specifically needed (e.g. a *lady doctor*) then such nouns can be made feminine by the addition of Umlaut (where possible) and –*IN*:
  e.g. der Arzt –   die Ärztin
    der Koch –   die Köchin
    der Lehrer – die Lehrerin

182

(c) Masculine are names of days, seasons, months.

(d) Feminine are names of trees, most plants, fruit (not *der Apfel*)
words ending in —e (not *der Junge, der Käse, das Ende*)
words ending in —*heit*, —*keit*, —*ung*, —*schaft*

(e) Neuter are words ending in —*chen*, —*lein*

(f) Compound nouns have the same gender as the last component,
e.g. *das Haus, die Tür, der Schlüssel* combine as
der Haustürschlüssel — *the front door key.*

29. Noun Plurals

You are not expected to know *all* Noun Plurals: this would be
an impossible task. Mistakes with them are generally considered to
be much more trivial than mistakes with Case, Tense or Word
Order. Nevertheless you will get credit for being knowledgeable.
There are some elementary rules which cover most circumstances.

(a) Nearly all feminine words add either —*n*, —*en* or —*nen*,
e.g. die Blume — die Blume-n
die Frau — die Frau-en
die Lehrerin — die Lehrerin-nen

(Common exceptions are:

die Hand — die Hände   die Mutter — die Mütter
die Stadt — die Städte   die Tochter — die Töchter)

(b) Masculine and neuter words ending in —*el*, —*er* and —*en* make
no change except sometimes the addition of Umlaut,

e.g. der Apfel — die Äpfel   das Fenster — die Fenster

(c) Nearly all other masculine words add —*e* and frequently
Umlaut where possible,
e.g. der Baum — die Bäume   der Gast — die Gäste

(Three common words which could add Umlaut but do not are:

der Arm, der Hund, der Schuh. e.g. der Hund — die Hunde.)

(*d*) Two masculine words which do not fit this pattern are:

der Mann — die Männer   der Wald — die Wälder

(*e*) Neuter words other than those ending in —*el*, —*er*, —*en*
either add —*e* (without Umlaut),

e.g. das Boot — die Boote

(Commonest are *das Boot, Heft, Jahr, Pferd, Schiff, Spiel, Werk.*)

or add -*er*, and Umlaut where possible,

e.g. das Dorf — die Dörfer

(Commonest are *das Bild, Buch, Dorf, Ei, Glas, Haus, Kind, Land,
Loch, Rad, Schloß.*)

30. The Theory of the Case System

Every noun or pronoun in German is liable to change its form
according to its role in the sentence. These forms are known as
Cases.

The system is similar to the English *she/her, he/him,* etc. In
English both *she* and *her* refer to the same person, as do *he* and
him. Why do we have two forms? Examine the following:

(*a*)

(*i*)   The girl ⎱ sees   the boy.
          She   ⎰

(*ii*)   The boy sees   ⎰ the girl
                          ⎱ her.

(*b*)

(*i*)   The boy ⎱ sees   the girl.
          He   ⎰

(*ii*)   The girl sees   ⎰ the boy.
                           ⎱ him.

In sentences *(a)(i)* and *(b)(i)* the pronoun is being used to
replace the Subject, so *she* and *he* are the appropriate words. In
sentences *(a)(ii)* and *(b)(ii)* the pronoun is being used to replace
the Direct Object, so *her* and *him* are now correct.

Now consider these examples:

She gives the book to $\begin{cases} \text{the boy.} \\ \text{him.} \end{cases}$

He takes the book from $\begin{cases} \text{the girl.} \\ \text{her.} \end{cases}$

Him/her are the correct pronouns to use because they occur after prepositions (to, from).

To sum up: in English certain pronouns have *two* forms, e.g. *he/him, she/her, I/me,* etc. The first of these is used for the Subject and the second either to indicate a Direct Object or a link with a preposition.

31. The Case System and Pronouns

In German pronouns may have up to three different forms, as follows:

Case			M*	F*	N*					
Nominative	ich	du	er	sie	es	wir	ihr	Sie	sie	wer?
Accusative	mich	dich	ihn	sie	es	uns	euch	Sie	sie	wen?
Dative	mir	dir	ihm	ihr	ihm	uns	euch	Ihnen	ihnen	wem?
English equivalents	I/ me	you	he/ him	she/ her	it	we/ us	you	you	they/ them	who/ whom?

Note: (*i*) For an explanation of when the various cases are used see the following section on nouns.

    (*ii*) *du/dich/dir*   are used to address one person if that person is a relative, very good friend or child.

    ihr/euch   are used to address two or more persons if they are relatives, very good friends or children.

    Sie/Ihnen   are used to address one or more persons not covered by the above categories.

(*iii*) * Pronouns in the 3rd Person Singular (*er, sie, es,* etc.) are sometimes a source of difficulty. Pronouns stand instead of nouns. *Er* therefore stands for a masculine noun (not necessarily

185

a person). *sie* stands for a feminine noun and *es* for a neuter noun. Study the implications of the following examples:

Ist das dein Bleistift?	*Is that your pencil?*
Ja, **er** ist mein Bleistift.	*Yes,* **it** *is my pencil.*

Diese Farbe ist schön.	*This colour is nice.*
Ja, **sie** ist sehr schön.	*Yes,* **it** *is very nice.*

Wo ist mein Pullover?	*Where is my pullover?*
Hast du **ihn** gefunden?	*Did you find* **it**?

Which pronoun in the German corresponds to *it*?

Wann kommt das Mädchen?	*When is the girl coming?*
Es kommt um zwei.	**She's** *coming at two.*

Which pronoun in the German corresponds to *she*?

32. The Case System and Nouns

In German the case system extends to nouns. The case is shown by variations in the article word which accompanies the noun.

(*a*) *Nominative Case* (used for subjects)

	Singular			All plurals
	M	F	N	
the	der Ball	die Blume	das Haus	die Bälle, Blumen, Häuser
this	dieser	diese	dieses	diese
that	jener	jene	jenes	jene
each	jeder	jede	jedes	jede
which	welcher?	welche?	welches?	welche?
a	ein	eine	ein	*no plural*
not a	kein	keine	kein	keine
my	mein	meine	mein	meine
your	dein	deine	dein	deine
his	sein	seine	sein	seine
her	ihr	ihre	ihr	ihre
our	unser	unsere	unser	unsere
your	euer	euere	euer	euere
your	Ihr	Ihre	Ihr	Ihre
their	ihr	ihre	ihr	ihre

Note: (*i*) Feminine Singular and *all* Plural forms are identical.

(*ii*) Masculine and Neuter forms of words *below* the dotted line are identical; those *above* the line are different.

It is therefore necessary to know the two groups of article words separately: those below the line all either refer to persons '*my*', '*our*', etc. or else rhyme with *mein, (ein* and *kein*). This division is also important in the use of adjective endings. (See Section 37 below).

(*b*) *Accusative Case* (used for Direct Objects, time phrases, and words used with certain prepositions)

Singular			All plurals
M	F	N	
den Ball diesen einen meinen unseren usw.	Accusative Case uses the same forms as the Nominative		

(*c*) *Genitive Case* (used for Possessive expressions (see Section 34, p. 192) and words when used with certain prepositions).

Singular			All plurals
M	F	N	
des Ball(e)s dieses eines meines unseres usw.	der Blume dieser einer meiner unserer usw.	des Hauses dieses eines meines unseres usw.	der Bälle, Blumen, Häuser dieser meiner unserer usw.

Note: (*i*) Masculine and Neuter Singular are identical.

(*ii*) Feminine Singular and Plurals are identical.

(*iii*) Masculine and Neuter Singular add *s* to the noun (or *es* if this aids pronunciation).

187

(d) *Dative Case* (used for Indirect Object (see Section 35) and words when used with certain prepositions)

Singular			All plurals
M	**F**	**N**	
dem Ball	der Blume	dem Haus	den Bällen
diesem	dieser	diesem	diesen Blumen
einem	einer	einem	
meinem	meiner	meinem	meinen Häusern
unserem	unserer	unserem	unseren
usw.	usw.	usw.	usw.

Note: (*i*) Masculine and Neuter Singular are identical.

(*ii*) Plural endings are completely different. An −*n* is added to the plural of the noun unless it already ends in −*n*.

33. The Case System and Prepositions

(*a*) The following prepositions are *always* used with the Accusative.

durch − *through*   ohne − *without*
für − *for*   um − (*i*) *around* (place), (*ii*) *at* (time)
gegen − *against*   entlang − *along* (this word usually follows the noun)

Examples:

durch unseren Garten   *through our garden*
für meinen Vater   *for my father*
ohne ihn   *without him*
die Straße entlang   *along the street*

(*b*) The following prepositions are *always* used with the Genitive.

wegen − *because of*   trotz − *in spite of*
während − *in the course of* (during)

Examples:

wegen der Kälte   *because of the cold*
trotz des Wetters   *in spite of the weather*
während des Tages   *during the day*

(*c*) The following prepositions are *always* used with the Dative.

aus – *out of, from*
bei – *at someone's house*
mit – *with*
nach – (*i*) *to* (place)
       (*ii*) *after* (time)

seit – *since, for* (see Section 44)
von – *from, of*
zu – *to, at*
gegenüber – *opposite* (often placed after the noun)

Examples:

aus dem Hause   *out of the house*
mit mir   *with me*
von ihm   *from him*
seit dem Krieg   *since the war*
dem Rathaus gegenüber   *opposite the townhall*

(*d*) The following prepositions may be used with the Accusative *or* Dative cases according to the meaning required.

an – *on* (the side of), *next to*
auf – *on* (top of), *on to*
hinter – *behind*
in – *in, into*
neben – *next to*

über – *over, across*
unter – *under*
vor – *in front of, outside*
zwischen – *between*

Examples:

Legen Sie die Bücher auf den Tisch.   *Put the books on the table.*
Die Bücher sind auf dem Tisch.   *The books are on the table.*

Er geht in den Garten.   *He is going into the garden.*
Der Hund ist in dem Garten.   *The dog is in the garden.*

Der Zug fährt unter die Brücke.   *The train is going under the bridge.*
Ich warte unter der Brücke, wenn es regnet.   *I wait under the bridge when it rains.*

Note: The sentences where the Dative is used give the actual loca- of the item, whereas those with the Accusative give its eventual location (i.e. it is not there yet.).

189

(e) Prepositional Contractions

  (i) When *the* is used after certain prepositions it is very common for Germans to combine the two words, e.g. *zu dem* becomes *zum*. The commonest contractions are the following:

an dem — am	in dem — im	zu der — zur
an das — ans	in das — ins	zu dem — zum
bei dem — beim	von dem — vom	

  (ii) Where a preposition and a pronoun are linked and this pronoun refers to things, a compound is formed by using *da—* (*dar—* before a vowel).

  e.g. War dein Buch im Schrank? — Ja es war darin.
       Was your book in the cupboard? — Yes, it was in it .
       Wo sind die Karten? Wir wollen damit spielen.
       Where are the cards? We want to play with them.

  N.B.: Da— may refer to singular or plural items (see last example).

(f) Special Uses of Prepositions

  A number of prepositions have acquired special meanings restricted to particular phrases. Be careful not to put these meanings into general use.

AN

Ich bin an der Reihe.	*It's my turn.*
Er ist an der Reihe, usw.	*It's his turn*, etc.
Er denkt AN seine Mutter.	*He is thinking of his mother.*

AUF

Er wartet AUF mich.	*He is waiting FOR me.*
AUF der Straße	*IN the street*
AUF dem Lande	*IN the country*
AUF deutsch	*IN German*
Sie ist stolz AUF ihren Sohn.	*She is proud OF her son.*
Er kam auf mich zu.	*He came up to me.*
Ich freue mich auf Ihren Besuch.	*I am looking forward to your visit.*

  (cf. a similar phrase listed with ÜBER)

190

AUS

AUS Holz, Wolle usw.	*MADE OF wood, wool, etc.*
Es besteht AUS 3 Zimmern.	*It consists of 3 rooms.*

BEI

bei uns	*at our house*
bei Frau Schmidt	*at Mrs. Smith's*
beim Schuhmacher	*at the shoemaker's*
ich habe kein Geld BEI mir.	*I have no money ON me.*

FÜR

Ich interessiere mich FÜR Briefmarken.	*I am interested IN stamps.*

MIT

MIT dem Zug, der Straßenbahn	*BY train, tram*

NACH

Wir gehen nach Hause.	*We are going home.*
Er fragte NACH meiner Adresse.	*He asked FOR my address.*
Wir haben NACH dem Arzt geschickt.	*We have sent FOR the doctor.*
Hier riecht es NACH Benzin.	*It smells OF petrol here.*
Meiner Meinung NACH	*IN my opinion*

ÜBER

Wir fahren ÜBER Köln.	*We are going VIA Cologne.*
Ich freue mich ÜBER Ihren Besuch.	*I am pleased ABOUT your visit.*

UM

Er bat mich UM Geld.	*He asked me FOR money.*

VOR

Ich habe Angst VOR deinem Hund.	*I am afraid OF your dog.*

ZU

Er ist nicht ZU Hause.	*He is not AT home.*
Wir haben Kaffee ZUM Frühstück getrunken.	*We drank coffee FOR breakfast.*
Er hat ein neues Rad ZUM Geburtstag bekommen.	*He got a new bicycle FOR his birthday.*

34. Phrases showing Possession

In English these phrases are normally indicated by the use of an apostrophe: *John's book, Anne's dress,* the *children's dog,* the *boy's books* and so on.

In German such phrases are dealt with in two ways:

(*a*) If a proper name *either* by using a construction similar to English but without an apostrophe,

> e.g. Gretchens Mutter, Karls Freund

or by using *von*

> e.g. Bonn ist die Hauptstadt von Westdeutschland.

(*b*) If the phrase contains an article word (*my* father's car, *this* man's house, etc.), by the use of the Genitive case. We are in fact saying the equivalent of *the car of my father*, etc.

Examples:

my father's car	=	the car of my father,	*der Wagen meines Vaters*
this man's house	=	the house of this man,	*das Haus dieses Mannes*
my mother's hat	=	the hat of my mother,	*der Hut meiner Mutter*

35. The Indirect Object

Definition: The person who 'receives' the Direct Object

> e.g. I gave *my father* a present.
> He read *me* the letter.
> They must send it *to the headmaster*

In German the Indirect Object is expressed in the Dative:

Ich gab *meinem Vater* ein Geschenk.
Er las *mir* einen Brief vor.
Sir müssen es *dem Direktor* schicken.

Note: (i)English sometimes uses *to* as introducing the Indirect object, German *never* uses *zu*, but only the Dative case (compare the third English and German examples above).

(*ii*) Most Indirect objects occur with the verbs *geben, zeigen, sagen, schreiben, lesen, bringen, kaufen,* or other verbs of similar meaning. Whenever you use one of these verbs be on the lookout for an Indirect object.

(*iii*) When Direct and Indirect objects occur together special rules of word order apply (see Section 26 above).

36. Verbs which take the Dative

Certain verbs have their object in the Dative case, although one would expect the Accusative case would be used. The commonest are: folgen *to follow*, helfen *to help*, gehören *to belong to*.

Er hilft *seiner* Mutter gar nicht.
Der Polizist folgte *dem* Dieb.
Das Buch gehört *dem* Mädchen.

ADJECTIVES

37. Adjective Endings

Examples:

ein gut*er* Mann   ein gut*es* Buch   bei gut*em* Wetter

Whenever an adjective is used before a noun it must have an ending. The factors which govern the choice of ending are:

(*a*) the number of the noun (singular or plural),
(*b*) the case of the noun,
(*c*) the gender of the noun,
(*d*) whether an article word is also being used, and, if so,
(*e*) to which list the article word belongs (see Section 32).

The endings are as follows:

Table A: with a preceeding Article Word

	Singular			*All Plurals*
	M	*F*	*N*	
Nom.	after *dieser* etc —E after *mein* etc —ER	—E	after *dieses* etc —E after *mein* etc —ES	—EN
Acc.	—EN	same as nominatives		—EN
Gen.	—EN	—EN	—EN	—EN
Dat.	—EN	—EN	—EN	—EN

Table B: without a preceeding Article Word
(e.g. fresh water, empty seats)

	Singular			*All Plurals*
	M	*F*	*N*	
Nom.	ER	—E	—ES	—E
Acc.	EN	same as nominatives		—E
Gen.	EN	ER	—EN	—ER
Dat.	EM	ER	—EM	—EN

Some examples:

	from Table A	from Table B
Masc. Nom. Sing.	dieser gut*e* Mann mein best*er* Freund	schwarz*er* Kaffee
Fem. Nom. Sing.	diese schön*e* Frau	frisch*e* Milch
Neut. Nom. Sing.	dieses alt*e* Buch mein alt*es* Buch	kalt*es* Wasser
Masc. Gen. Sing.	dieses klein*en* Tisches	schwarz*en* Kaffees
Neut. Gen. Sing.	unseres alt*en* Hauses	kalt*en* Wassers
Fem. Dat. Sing.	einer klein*en* Freundin	warm*er* Milch
All genders Nom. Pl.	die schön*en* Bilder	neu*e* Kleider

38. Comparison Of Adjectives

In German *all* adjectives follow a pattern similar to the English *old, older, oldest*. It is *not possible* to use words like *more* and *most* as we sometimes do in English (e.g. beautiful, more beautiful, most beautiful).

Here are some examples of German comparisons:

interessant	interessanter	interessantest
schön	schöner	schönst
billig	billiger	billigst
teuer	teuerer	teuerst

Adjectives with only one vowel normally add an Umlaut also:

lang	länger	längst
alt	älter	ältest

Note also the following:

groß	größer	größt
gut	besser	best
viel	mehr	meist

When the comparative or superlative is used with a noun, the appropriate adjective ending needs to be added (see Section 37):

e.g. Sie ist das schönste Mädchen hier.	*She is the nicest girl here.*
Fritz ist der größere Junge.	*Fritz is the taller boy.*

Note also the construction so.....*wie* (as.....as) and -*er als* (-er than)

e.g. Er ist nicht *so* klug *wie* du.	*He is not* as *clever* as *you.*
Er ist größer *als* du.	*He is taller* than *you.*

USEFUL PHRASES; NUMBERS AND TIME

39. Useful Phrases and Constructions

Wer da?	Who's there?
Ich bin es.	It's me.
Am Apparat!	Speaking! (telephone)
Was ist los?	What's the matter?
Er ist *gerade* angekommen.	He has *just* arrived.
noch ein Glas	*another* glass
noch nicht	not *yet*
Das macht nichts.	It doesn't matter.
entweder.... oder	either .... or
um .... zu	in order to

e.g. Wir kommen in die Schule, *um* deutsch *zu* lernen.
We come to school (*in order*) *to* learn German.

	Glück.		*lucky.*
	Pech.		*unlucky.*
Ich habe	Angst.	I am	*afraid.*
	Hunger.		*hungry.*
	Durst.		*thirsty.*

gern	Although *gern* conveys the idea of *liking* it is in fact an adverb and can only be used if combined with a verb. Therefore:

I like beer = I like drinking beer. *Ich trinke gern Bier.*
I like Hans = I have a liking for Hans. *Ich habe Hans gern.*

196

Lieber	Conveys the idea of *preference* and is used in a similar way to *gern*:

Ich trinke gern Bier aber ich trinke lieber Wein.
I like drinking beer but I prefer drinking wine.

*den Berg {hinauf / herauf   *up* the mountain

*den Berg {hinunter / herunter   *down* the mountain

Note the use of the Accusative Case. (For the difference between the prefixes *hin–* and *her–* turn back to Section 9.)

NUMBERS AND TIME

40. Numerals

(a) *Cardinal numbers*

1	eins	19	neunzehn
2	zwei	20	zwanzig
3	drei	21	einundzwanzig
4	vier	27	siebenundzwanzig
5	fünf	30	dreißig
6	sechs	40	vierzig
7	sieben	50	fünfzig
8	acht	60	sechzig
9	neun	70	siebzig
10	zehn	80	achtzig
11	elf	90	neunzig
12	zwölf	100	hundert
13	dreizehn	101	hunderteins
14	vierzehn	200	zweihundert
15	fünfzehn	202	zweihundertzwei
16	sechzehn	1000	tausend
17	siebzehn	1003	tausenddrei
18	achtzehn	1200	tausendzweihundert

Note: (*i*) *Eins* loses its *s* in *einundzwanzig, einunddreißig,* etc.

When used with a noun it is declined:

e.g. um ein Uhr

Ein Glas Bier kostet eine Mark.

Ich habe nur einen Mann gesehen.

(*ii*) The *s* of *sechs* and the *en* of *sieben* disappear in the numbers 16 and 60, and 17 and 70 respectively. (They are retained in 26, 36, 46, etc. and 27, 37, 47, etc.)

(*iii*) The use of a comma to denote decimals — 10.62 = 10,62 Thousands are indicated by spacing — 27 000 000.

(*iv*) Years — 1973 *neunzehnhundertdreiundsiebzig*

He was born in 1950, *Er wurde 1950 geboren* or *Er wurde im Jahre 1950 geboren.*

(*b*) *Ordinal numbers*

These are adjectives and must be declined as such:

der, die, das erste — *the first*

zweite — *second*

dritte — *third*, etc.

vierte

neunzehnte

zwanzigste

zweiundzwanzigste

hundertzwanzigste etc.

Note: (*i*) the ending for 20 onwards is —*ste*

(*ii*) Dates:

a date at the head of a letter *den zwanzigsten April*

on the fifteenth of March *am fünfzehnten März*

These can be abbreviated to: *den 20sten April*

am 15ten März

(*c*) Einmal, zweimal, dreimal, usw. *once, twice, three times, etc.*

41. Measurements

Some phrases of quantity are:

ein Kilo Kartoffeln *a kilo of potatoes*

ein Glas Bier *a glass of beer*

eine Flasche Wein *a bottle of wine*

zwei Tassen Kaffee *two cups of coffee*

ein Liter Milch   *a litre of milk*
ein Pfund Äpfel   *a pound of apples*

Note: There is no word for *of* in these phrases.

Some examples of measurements:

Sie ist 1,68 m (ein Meter achtundsechzig) groß.
   She is 1.68 metres tall.
Es ist 45 cm (fünfundvierzig Zentimeter) lang und 25 cm breit.
   It is 45 cm long and 25 cm wide.
Es ist über 500 Meter hoch.
   It is over 500 metres high.
Eine Geschwindigkeit von 16 bis 17 Kilometer pro Stunde.
   A speed of 16 - 17 kilometers per hour.
Er wiegt 80 kg (achtzig Kilo).
   He weighs 80 kilos.
Es kostet 50 Mark (oder 50, − DM).
   It costs 50 marks.
Es kostet zwei Mark fünfzig (DM 2,50).
   It costs 2 marks 50.
Es kostet fünfzig Pfennig (−,50 DM).
   It costs 50 pfennigs.

42. Age

Er ist fünfzehn Jahre alt.   *He is fifteen years old.*
Ich bin sechzehn.   *I am sixteen.*

43. Time of Day

Wie spät ist es?   *What time is it?*
(Wieviel Uhr ist es?)
Es ist ein (zwei) Uhr.   *It's one (two) o'clock.*
Es ist halb eins (sechs).   *It's half past twelve (five).*
Es ist zwanzig (Minuten)   *It's twenty (minutes) past seven.*
nach sieben.
Es ist zehn (Minuten) vor   *It's ten (minutes) to eight.*
acht.
Es ist viertel vor fünf/   *It's quarter to five/past five.*
nach fünf.
Es ist Mittag/Mitternacht.   *It's midday/midnight.*
um wieviel Uhr?   *at what time?*

um sechs Uhr	*at six o'clock*
gegen sechs Uhr	*about six o'clock*

The 24 hour clock. This provides an alternative way of giving the time, which is principally used for 'official' times, such as bus or train times. Here are some examples:

8^{42} – *said as* 'acht Uhr zweiundvierzig'
12^{23} – *said as* 'zwölf Uhr dreiundzwanzig'
19^{45} – *said as* 'neunzehn Uhr fünfundvierzig'

44. Time Phrases

(*a*) Unless you are using a preposition time phrases should be put in the Accusative Case:

Ich habe einen ganzen Tag auf ihn gewartet.	*I waited a whole day for him.*
Wir waren zwei Wochen (lang) da.	*We were there for two weeks.*
jeden (nächsten, letzten) Mittwoch	*every (next, last) Wednesday*
jede (nächste, letzte) Woche	*every (next, last) week*
jedes (nächstes, letztes) Jahr	*every (next, last) year*

(*b*) Time phrases with prepositions

Use the case normally found with the preposition. Here are some examples:

am Morgen (Nachmittag)	*in the morning (afternoon)*
am Freitag (Sonnabend)	*on Friday (Saturday)*
am nächsten Tag	*on the next day*
im August	*in August*
im Sommer (Winter)	*in summer (winter)*
zu Ostern (Weihnachten)	*at Easter (Christmas)*
vor zehn Tagen (zwei Wochen)	*10 days (2 weeks) ago*

Note the special circumstances of expressions such as: *We have been learning German for four years* and *She has been listening to Beethoven for two hours.* What tense are these remarks? They are Past in so far that the actions described commenced in the past: but they are also Present in that the actions are still continuing.

200

In German this effect is gained by using the *Present* Tense along with the preposition *seit*, which is followed by the Dative. For example:

Wir lernen deutsch seit vier Jahren. *We have been learning German for four years.*

Sie hört Beethoven seit zwei Stunden. *She has been listening to Beethoven for two hours.*

(*c*) Other time phrases:

gestern	*yesterday*
heute	*today*
morgen	*tomorrow*
heute morgen	*this morning*
morgen früh	*tomorrow morning*
gestern abend	*yesterday evening*
vorgestern	*the day before yesterday*
übermorgen	*the day after tomorrow*
morgens, abends usw.	Use these when you are
sonntags, montags usw.	describing something which happens *usually* at the time or on the day stated.

e.g. Wir besuchen unsere Großmutter sonntags.
We visit our grandmother on Sundays.
Mein Vater steht um sechs Uhr morgens auf.
My father gets up at six every morning.

Er kommt erst Montag.	*He is not coming till Monday.*
Er bleibt bis Montag.	*He is staying till Monday.*

REFERENCE LIST OF VERBS

Note: (*i*) For verbs with a separable prefix look for the root verb e.g. for *anfangen* consult *fangen*.

Note:(*ii*) Present tenses are only given where a sound change occurs.

Infinitive	Meaning	Present	Simple Past	Perfect
befehlen	command	er befiehlt	er befahl	er hat befohlen
beginnen	begin		er begann	er hat begonnen
beißen	bite		er biß	er hat gebissen
bekommen	receive		er bekam	er hat bekommen
beschreiben	describe		er beschrieb	er hat beschrieben
biegen	bend		er bog	er hat gebogen
bieten	offer		er bot	er hat geboten
binden	bind		er band	er hat gebunden
bitten	request		er bat	er hat gebeten
bleiben	remain		er blieb	er ist geblieben
brechen	break	er bricht	er brach	er hat gebrochen
brennen	burn		er brannte	er hat gebrannt
bringen	bring		er brachte	er hat gebracht
denken	think		er dachte	er hat gedacht
dürfen			*(see Grammar Section 14)*	
empfangen	receive	er empfängt	er empfing	er hat empfangen
empfehlen	recommend	er empfiehlt	er empfahl	er hat empfohlen
empfinden	feel		er empfand	er hat empfunden
entkommen	escape		er entkam	er ist entkommen
erhalten	receive	er erhält	er erhielt	er hat erhalten
erkennen	recognize		er erkannte	er hat erkannt
essen	eat	er ißt	er aß	er hat gegessen
fahren	go, drive	er fährt	er fuhr	er ist gefahren
fallen	fall	er fällt	er fiel	er ist gefallen
fangen	catch	er fängt	er fing	er hat gefangen
finden	find		er fand	er hat gefunden
fliegen	fly		er flog	er ist geflogen
fließen	flow		er floß	er ist geflossen
frieren	freeze		er fror	er hat gefroren
geben	give	er gibt	er gab	er hat gegeben
gefallen	please	es gefällt ihm	es gefiel ihm	es hat ihm gefallen
gehen	go		er ging	er ist gegangen
gelingen	succeed		es gelang ihm	es ist ihm gelungen
genießen	enjoy		er genoß	er hat genossen
geschehen	happen	es geschieht	es geschah	es ist geschehen
gewinnen	win		er gewann	er hat gewonnen
gießen	pour		er goß	er hat gegossen

Infinitive	Meaning	Present	Simple Past	Perfect
gleiten	glide		er glitt	er ist geglitten
graben	dig	er gräbt	er grub	er hat gegraben
greifen	seize		er griff	er hat gegriffen
haben	have	er hat	er hatte	er hat gehabt
halten	hold, stop	er hält	er hielt	er hat gehalten
hängen	hang		er hing	er hat gehangen
heben	raise		er hob	er hat gehoben
heißen	be called, mean		er hieß	er hat geheißen
helfen	help	er hilft	er half	er hat geholfen
kennen	know		er kannte	er hat gekannt
kommen	come		er kam	er ist gekommen
können		*(see Grammar Section 14)*		
kriechen	creep, crawl		er kroch	er ist gekrochen
laden	load	er lädt (ladet)	er lud	er hat geladen
lassen	let	er läßt	er ließ	er hat gelassen
laufen	run	er läuft	er lief	er ist gelaufen
leiden	suffer		er litt	er hat gelitten
leihen	lend		er lieh	er hat geliehen
lesen	read	er liest	er las	er hat gelesen
liegen	be lying		er lag	er hat gelegen
lügen	tell a lie		er log	er hat gelogen
meiden	avoid		er mied	er hat gemieden
mögen		*(see Grammar Section 14)*		
müssen		*(see Grammar Section 14)*		
nehmen	take	er nimmt	er nahm	er hat genommen
nennen	name		er nannte	er hat genannt
pfeifen	whistle		er pfiff	er hat gepfiffen
raten	advise	er rät	er riet	er hat geraten
reißen	tear		er riß	er hat gerissen
reiten	ride		er ritt	er ist geritten
rennen	run		er rannte	er ist gerannt
riechen	smell		er roch	er hat gerochen
rufen	call		er rief	er hat gerufen
schaffen	create		er schuf	er hat geschaffen
scheinen	shine		er schien	er hat geschienen
schieben	shove		er schob	er hat geschoben
schießen	shoot		er schoß	er hat geschossen
schlafen	sleep	er schläft	er schlief	er hat geschlafen
schlagen	strike, hit	er schlägt	er schlug	er hat geschlagen
schleichen	creep		er schlich	er ist geschlichen
schließen	close		er schloß	er hat geschlossen
schneiden	cut		er schnitt	er hat geschnitten
schreiben	write		er schrieb	er hat geschrieben
schreien	cry out		er schrie	er hat geschrien
schreiten	stride		er schritt	er hat geschritten
schweigen	be silent		er schwieg	er hat geschwiegen
schwimmen	swim		er schwamm	er ist geschwommen
sehen	see	er sieht	er sah	er hat gesehen
sein	be	er ist	er war	er ist gewesen
senden	send		er sandte	er hat gesandt
singen	sing		er sang	er hat gesungen
sinken	sink		er sank	er ist gesunken

Infinitive	Meaning	Present	Simple Past	Perfect
sitzen	*sit*		er saß	er hat gesessen
sollen			(*see Grammar Section 14*)	
sprechen	*speak*	er spricht	er sprach	er hat gesprochen
springen	*jump*		er sprang	er ist gesprungen
stehen	*stand*		er stand	er hat gestanden
stehlen	*steal*	er stiehlt	er stahl	er hat gestohlen
steigen	*climb*		er stieg	er ist gestiegen
sterben	*die*	er stirbt	er starb	er ist gestorben
stoßen	*push*	er stößt	er stieß	er hat gestoßen
streiten	*fight*		er stritt	er hat gestritten
tragen	*carry, wear*	er trägt	er trug	er hat getragen
treffen	*meet, hit*	er trifft	er traf	er hat getroffen
treiben	*drive*		er trieb	er hat getrieben
treten	*tread, step*	er tritt	er trat	er ist getreten
trinken	*drink*		er trank	er hat getrunken
tun	*do*	er tut	er tat	er hat getan
verbergen	*hide*	er verbirgt	er verbarg	er hat verborgen
verbringen	*spend (time)*		er verbrachte	er hat verbracht
verderben	*spoil*	er verdirbt	er verdarb	er ist verdorben
vergessen	*forget*	er vergißt	er vergaß	er hat vergessen
verlassen	*leave*	er verläßt	er verließ	er hat verlassen
verlieren	*lose*		er verlor	er hat verloren
vermeiden	*avoid*		er vermied	er hat vermieden
verschwinden	*disappear*		er verschwand	er ist verschwunden
versprechen	*promise*	er verspricht	er versprach	er hat versprochen
verstehen	*understand*		er verstand	er hat verstanden
wachsen	*grow*	er wächst	er wuchs	er ist gewachsen
waschen	*wash*	er wäscht	er wusch	er hat gewaschen
wenden	*turn*		er wandte	er hat gewandt
werden	*become*	er wird	er wurde	er ist geworden
werfen	*throw*	er wirft	er warf	er hat geworfen
wissen	*know*	er weiß	er wußte	er hat gewußt
wollen			(*see Grammar Section 14*)	
ziehen	*pull*		er zog	er hat gezogen

11

Grammar
exercises

1. Formation of the Present Tense (*Section 2*)

(*a*) Answer the following questions:

Example: Ich mache meine Hausaufgaben. Was macht Dieter?
Er macht auch seine Hausaufgaben.

1. Ich nehme meinen Regenmantel mit. Was macht Rolf?
2. Wir fahren in die Stadt. Was macht Frau Schmidt?
3. Ich arbeite sehr gern. Und was macht Liesel?
4. Wir essen gern Wurst. Und Hans?
5. Ich vergesse oft meine Bücher. Und Uli?
6. Ich kann gut Klavier spielen. Und Hans und Uli?
7. Wir müssen heute zu Hause bleiben. Und Hans?
8. Sie will nicht ins Kino gehen. Und Herr und Frau Steiner?
9. Er ist sehr intelligent. Und Hans und Friedrich?
10. Ich mag Wurst nicht. Und Herr und Frau Kühn?

(*b*) Put the verb in brackets into the appropriate form of the Present tense:

1. Herr Schmidt (bremsen) schnell.
2. Hans, du (dürfen) heute nicht spielen.
3. Udo und Ernst, ihr (haben) von diesem Fenster eine wunderbare Aussicht.
4. Was ist denn los Hans? Du (sitzen) so lange da.
5. Ihr (nehmen) immer die besten Sachen.
6. Das Mädchen (lesen) immer sehr gut.
7. Ihr (müssen) alle fleißig arbeiten.
8. Du (reisen) aber sehr oft, nicht wahr Ernst?
9. Sie (tragen) fast immer ein schwarzes Kleid.
10. Er (wissen) nicht.

(*c*) You are talking to a friend about a shopping expedition.
1. Tell him/her you are going to Munich tomorrow.
2. Say you are going to buy a guitar.
3. Ask if he/she is going to come with you.
4. Say you will meet him/her at 2 o'clock. •
5. Say the two of you can go to the cinema in the evening.

2. The Past Tenses (*Section 3*)

Express the following Present tense sentences in the Past, using both the Simple Past and the Perfect tenses:

1. Sie macht ihre Hausaufgaben.
2. Ich spiele oft Fußball.
3. Du arbeitest sehr langsam.
4. Wir warten eine halbe Stunde auf den Bus.
5. Sie besuchen Deutschland zu Ostern.
6. Ihr lernt aber schnell.
7. Ich nehme zwei Tabletten.
8. Sie laufen schnell.
9. Geht ihr immer zu Fuß?
10. Er bringt mir ein Geschenk.
11. Ich vergesse die Adresse.
12. Ich weiß es nicht.
13. Wir fahren in die Stadt.
14. Ich finde das Geld.
15. Sie ist schön.
16. Er trägt eine Brille.
17. Wir kennen ihn nicht.
18. Er trinkt immer Kaffee.
19. Ich rufe laut.
20. Sie kommen bald nach Hause.

3. The Pluperfect Tense (*Section 4*)

Example: Gestern machte ich einen Fehler, und vorgestern *hatte ich keinen Fehler gemacht.*

Now complete the following sentences according to this example:
1. Gestern rauchte ich viele Zigaretten, und vorgestern . . .
2. Gestern bekam ich einen Brief, und vorgestern . . .
3. Gestern aß sie ein Stück Kirschkuchen, und vorgestern . . .
4. Gestern sah Polizist Fischer einen Dieb auf dem Markt, und vorgestern . . .

5. Gestern vergaß sie die Liste, und vorgestern . . .
6. Gestern brachte er seiner Frau einige Blumen, und vorgestern .
7. Gestern nahm sie Tabletten gegen Kopfschmerzen, und vorgestern . . .
8. Gestern tranken wir zum Mittagessen ein Glas Wein, und vorgestern . . .

4. Common Strong and Mixed Verbs (*Section 5*)

You should know the list of common strong verbs in Grammar Section 5. Make sure you do before starting this exercise.

(*a*) Give the *er, sie, es* form of the *Present tense* of the following verbs and state their meanings:

bekommen, bitten, essen, fahren, fallen, geben, haben, kennen, laufen, lesen, nehmen, rufen, schlafen, sehen, tragen.

(*b*) Give the *ich* form of the *Simple Past tense* of the following verbs and state their meanings:

beginnen, bitten, bleiben, denken, fahren, gehen, haben, kennen, kommen, schreiben, sein, stehen, steigen, werden, wissen.

(*c*) Give the *wir* form of the *Perfect tense* of the following verbs and state their meanings:

bekommen, bleiben, essen, fahren, fallen, geben, kennen, laufen, nehmen, schlafen, schreiben, stehen, steigen, vergessen, ziehen.

5. The Meaning of Tense (*Sections 1–5*)

Give the English meaning of the following sentences. Take care to choose only English verb forms which are perfectly natural in the context:

1. Wir fahren jeden Tag mit dem Bus in die Stadt.
2. Am Samstag fahren wir mit dem Bus in die Stadt.
3. Fahren Sie oft mit dem Bus?
4. Fahren Sie nächste Woche in die Stadt?
5. Wir fahren am Samstag in die Stadt.
6. Wir sind am Samstag in die Stadt gefahren.
7. Ich habe das Buch während der Reise gelesen.
8. Ich habe das Buch noch nicht gelesen.
9. Ich war um 10 Uhr in die Stadt gekommen.
10. Er ist um 10 Uhr nach Hause gekommen.

6. The Future Tense (*Section 6*)

(*a*) Put the following sentences into the Future tense using the auxiliary verb *werden*:

1. Ich fahre nächsten Sommer nach Deutschland.
2. Du findest das Geld in meiner Tasche.
3. Er kommt um zwei Uhr.
4. Wir machen einen Spaziergang im Wald.
5. Herr und Frau Zimmermann kaufen ein neues Haus.

(*b*) You are speaking about what you and your family will be doing this evening. Use the verb *werden* to help you.

1. Ask your friend what he will be doing.
2. Say you will be meeting Hans at 7 o'clock.
3. Say you will then both go to the cinema.
4. Say your sister will be staying at home.
5. Say your mother and father will be watching television.

7. Commands (*Section 7*)

Give the command which produced these reactions. Take care to choose the form of the command appropriate to the situation.

Example: Ich esse mein Frühstück, Mutti – Iß dein Frühstück!

1. Wir kommen herein, Frau Schmidt.
2. Ich nehme den Apfel, Mutti.
3. Ja, Mutti. Wir stehen auf.
4. Ich kann nicht schneller fahren, Liesel.
5. Danke, Herr Braun, ich setze mich ans Fenster.
6. Ich bin aber still, Vati.
7. Ich laufe so schnell ich kann, Dieter.
8. Wir vergessen die Regenmäntel nicht.
9. Ja, Klaus, ich sehe die Karte an.
10. Ja, Herr Schmidt, wir warten schon.

8. Verbs with Prefixes (*Sections 8–11*)

(*a*) Complete the sentences given below by using the Present tense of the verb supplied:

1. (*aufstehen*) Ich um halb acht
2. (*bekommen*) Er einen Brief aus Deutschland

3. (aussehen) Sie schön
4. (anfangen) Das Spiel um drei Uhr
5. (erkennen) Der Mann sie nicht
6. (mitkommen) Hans und Dieter in den Wald
7. (verstehen) Er kein Wort englisch
8. (abfahren) Der Zug um 12³⁰
9. (entkommen) Der Einbrecher aus der Polizeiwache
10. (anziehen) Die beiden Jungen Wintermäntel

(b) Complete the following sentences by inserting in an appropriate place a suitable form of the verb given in brackets. Make sure you use a tense appropriate to the meaning of the sentence.

Example: (aufstehen) Dieser Junge gestern um 6 Uhr
Dieser Junge hat gestern um 6 Uhr aufgestanden.

1. (vergessen) Dieser Junge seine Hausaufgaben gestern
2. (abfahren) Macht schnell! Der Zug in zehn Minuten
3. (hineinsteigen) Sie müssen jetzt in den Zug
4. (anrufen) Sie ihn schon?
5. (beginnen) Wann das Spiel heute?
6. (ankommen) Der Zug hatte Verspätung. Er erst um halb zehn
7. (aussehen) Gestern sie krank
8. (empfangen) Letzten Montag wir einen Brief aus Deutschland
9. (zumachen) Er immer die Tür schnell
10. (erkennen) Als er mich sah, er mich nicht

9. Reflexive Verbs (Section 12)

(a) Complete the following sentences by using the Reflexive Verb supplied in an appropriate form:

1. (sich waschen) Ich im Badezimmer
2. (sich schneiden) Sie gestern mit einem Messer
3. (sich schämen) Er, wenn er spät ankommt
4. (sich rasieren) Er muß jeden Tag
5. (sich setzen) Wir hier ans Fenster, Klara?
6. (sich umdrehen) Du kannst leicht in diesem Sessel
7. (sich eilen) Wir haben durch die Straßen
8. (sich erkälten) Bei diesem Wetter ich leicht

9. (*sich ausruhen*) Wir haben an der See.

10. (*sich anziehen*) Hans und Moritz, es ist spät! schnell!

(*b*) Give the English meaning of the above sentences. Put a star by those which are not reflexive in English.

10. Past Tenses of Various Verbs (*Sections 3–12*)

(*a*) Last weekend Gretel Meyer made a list of the things she was going to do on Tuesday. She wrote:

Am Dienstag besuche ich Tante Klara. Ich stehe um halb acht auf, esse schnell das Frühstück und gehe durch den Park zum Bahnhof. Dann fahre ich mit dem Zug nach Witzenhausen. Da holt mich Tante Klara vom Bahnhof ab. Wir essen zu Mittag im Cafe Künstler und dann kaufen wir ein. Dann trinke ich Nachmittagskaffee bei Tante Klara und wir ruhen uns ein bißchen aus. Wir verbringen den Abend im Theater, und ich komme erst gegen Mitternacht nach Hause.

Now write the account of the trip which Gretel later wrote in her diary beginning with the words:
Am Dienstag habe ich . . .

(*b*) Hans is telling his mother how he is going to spend the weekend:

Am Samstagmorgen kommt Stefan und holt mich ab. Dann fahren wir beide mit unseren Rädern zum Bauernhof. Da helfen wir Herrn Sachs und arbeiten bis Mittag mit ihm auf der Wiese. Dann kommen wir zurück und essen. Nach dem Essen kaufen wir in der Stadt für Stefans Mutter ein. Am Sonntag treffen wir Martin und Peter und gehen zum Fußballspiel. HSV spielt gegen Bayern München. Am Abend sehen wir bei Stefan das Fernsehen an.

Now write an account of the weekend which Hans might later have written in his diary, beginning with the words:
Letztes Wochenende habe ich viel getan. Am Samstagmorgen . . .

11. Modal Verbs (*Sections 13–16*)

(*a*) Complete the following sentences by putting the verb given in brackets into the correct form for the sentence.

1. Um 4 Uhr (*können*) wir früh nach Hause gehen.
2. Gestern (*können*) wir auch früh nach Hause gehen.
3. Du (*müssen*) gleich zum Direktor gehen.
4. Meine Mutter (*können*) sehr gut kochen. Deshalb (*wollen*) ich jetzt zum Mittagessen nach Hause gehen.
5. Letzten Samstag (*wollen*) ich in die Stadt fahren, aber ich (*dürfen*) nicht, weil ich meinem Vater helfen (*müssen*).
6. Er (*wollen*) besser spielen, aber er (*können*) nicht. Er (*müssen*) länger üben.

(*b*) Translate the following conversation into English:

– Kommt Hans mit ins Schwimmbad?
– Nein. Er will kommen, aber er darf nicht.
– Kann er also nicht schwimmen?
– Doch er kann gut schwimmen, aber heute darf er nicht. Seine Mutter sagt, er soll ihr im Garten helfen. Und das muß er machen, obwohl er nicht will. Ich mag seine Mutter nicht. Letzten Mittwoch wollte er auch mitkommen, aber er durfte nicht. Er mußte seine Großmutter besuchen.

(*c*) Using a Modal verb make up sentences to express yourself in German in the following situations:

1. You are a teacher giving Hans permission to leave at 3 o'clock.
2. You are looking after Fritz, a young German boy, and you have to tell him he cannot go out today.
3. You are saying that your pen friend is a good pianist.
4. You are taking a German friend to London. You have to tell him that your brother and sister do not want to go to London.
5. You are speaking to the waitress in a German café and you want a cup of coffee.
6. To explain why you are late for an appointment you say you had to go shopping and you could not find your purse.

12. Impersonal Verbs (*Section 17*)

(*a*) Answer the following questions:

1. Wie geht es dir?
2. Tut es dir weh?
3. Wie geht es Ihnen?
4. Schmeckt es Ihnen?
5. Ist dir kalt?
6. Tut es Hans weh?
7. Gefällt es euch?
8. Tut es Ihnen leid?
9. Schmeckt dir der Wein?
10. Wie geht es Herrn und Frau Sachs?

(*b*) Use the verb forms contained in Section 17 to express yourself in the following situations:

1. You are telling someone you feel well.
2. You and a friend have bumped into an old lady and you want to say you are sorry.
3. You explain why your friend is shivering and you are not.
4. You wish to admire a record your friend is now playing, but you did not like the previous one.
5. You are explaining to a doctor that your companion has a painful arm.

13. Identification of the Passive (*Sections 18 and 19*)

Translate the following sentences into English. State which sentences are examples of the Passive:

1. Am Sonntag wird er Fußball spielen.
2. Die Bankräuber wurden später in einem Mercedes gesehen.
3. Zu Mittag wird er Wein trinken.
4. Der Laden wurde um 2 Uhr geöffnet.
5. Wenn er dürfte, würde er um 2 Uhr nach Hause gehen.
6. Fußball wird jeden Sonntag hier gespielt.
7. Wein wird sehr viel im Rheinland getrunken.
8. Mein Bruder würde nach Amerika fahren, wenn er reich wäre.
9. Diese Vögel werden bald nach Afrika fliegen.
10. Diese Vögel werden oft in unserem Wald gesehen.

14. Word Order in a Simple Sentence (*Section 20*)

(*a*) Rewrite the following sentences, giving emphasis to the word or phrase in italics:

1. Ich habe *drei Stunden lang* gearbeitet.
2. Ich habe *diesen Mann* nicht gesehen.
3. Mein Bruder arbeitet nicht gern *in dieser Fabrik*.
4. Er hat *seinem Freund* das Buch gegeben.
5. Ich bin noch nicht *mit einem Hubschrauber* geflogen.

(*b*) Insert the word given in brackets into the sentence:

1. (*oft*) Ich gehe im Park spazieren.
2. (*immer*) Er fährt mit dem Bus in die Schule.
3. (*bald*) Der Bus kommt.
4. (*nie*) Er vergißt seine Bücher.
5. (*manchmal*) Wir gehen abends ins Kino.

15. Co-ordinating & Subordinating Conjunctions (*Sections 23 and 24*)

(*a*) Join the following pairs of sentences by using one of the conjunctions *und, oder, aber, denn*.

1. Mein Vater kann gut Fußball spielen. Er mag es nicht.
2. Ich habe meinen Freund im Park getroffen. Ich habe mit ihm gesprochen.
3. Du kannst Fußball spielen. Du kannst spazierengehen.
4. Fritz kann nicht spielen. Er ist krank.

(*b*) Join the following pairs of sentences by using one of the conjunctions *als, bevor, da, obgleich, nachdem, weil, wenn*:

1. Meine Schwester muß im Bett bleiben. Sie ist noch krank.
2. Es regnet. Wir bleiben zu Hause.
3. Das Kino war um halb elf aus. Wir sind gleich nach Hause gekommen.
4. Er ist sehr intelligent. Seine Arbeit ist nicht immer gut.
5. Ich habe meine Aufgaben geschrieben. Ich bin spazierengegangen.
6. Ich habe Zeit. Ich gehe mit dir spazieren.

16. Sentence Patterns (*Section 25*)

Complete the following German sentences in any way which seems appropriate.

Example: Wenn wir im Winter nach Österreich fahren ......
    Wenn wir im Winter nach Österreich fahren, laufen wir ski.

 1. Herr Schulz...
 2. Meine beiden Brüder und ich ...
 3. Heute ...
 4. Letztes Wochenende ...
 5. Fußball ...
 6. Deinen Hund ...
 7. Obgleich er alt ist ...
 8. Wenn ich genug Geld habe, ...
 9. Weil ich keine Zeit habe, ...
 10. Als ich in Deutschland war, ...

17. Order of Adverbs (*Section 27*)

Add the phrases given in brackets to each sentence:

 1. (*mit dem Zug*) Wir fahren nach London.
 2. (*vor dem Kino*) Ich muß ihn um zwei Uhr treffen.
 3. (*vor dem Mittagessen*) Er liest die Zeitung im Wohnzimmer.
 4. (*mit dem Auto*) Wir kommen in zwanzig Minuten in die Stadt.
 5. (*um zwei Uhr*) Wir treffen uns vor dem Kino.
 6. (*auf dem Marktplatz*) Ich habe ihn heute nachmittag gesehen.
 7. (*jeden Freitag*) Mutter fährt mit der Straßenbahn in die Stadt.
 8. (*im Park*) Hans und Otto wollen heute nachmittag Fußball spielen.
 9. (*in anderthalb Stunden*) Man fliegt mit dem Düsenflugzeug nach Düsseldorf.
 10. (*mit der U-bahn*) Eberhard fährt jeden Tag in die Stadt.

18. Noun Genders (*Section 28*)

By using the facts given in Grammar Section 28 give the genders of the following nouns:

Tanne, Kaninchen, Großmutter, Großvater, Frühling, Kind, Tinte, Lehrerin, Landschaft, Entschuldigung, Januar, Junge, Ende, Schönheit, Maurer, Banane, Mittwoch, Direktor, Mädchen, Lehrer.

19. Noun Plurals (*Section 29*)

Consult the rules given in Grammar Section 29 and give the plurals of the following nouns:

das Zimmer, die Garage, der Film, die Schwester, der Berg, die Schülerin, das Bein, die Stadt, das Kind, die Pflaume, das Dorf, die Tochter, das Jahr, der Lehrer, das Boot, der Bleistift, das Buch, der Gipfel, der Wald, das Pferd.

20. Choice of Pronouns (*Section 31*)

Reply to the following questions, beginning each answer with a pronoun:

1. Wo arbeitet Herr Meyer?
2. Wie alt ist Gretel?
3. Wie groß ist deine Schwester?
4. Was kostet der Bleistift?
5. Wo ist meine Tasche?
6. Wo wohnen Herr und Frau Braun?
7. Wie alt ist das Mädchen?
8. Wie alt ist die Schule?
9. Wie heißt das Kind?
10. Wie groß ist die Stadt?

21. Case Endings of Nouns (*Sections 32 & 33*)

(*a*) Complete the following sentences:

1. Dein Freund macht ei— Fehler.
2. Mei— Mutter hat dies— Äpfel gekauft.
3. Welch— Hund will dei— Bruder kaufen?
4. Dies— Pullover habe ich für mei— Vater gekauft.
5. Uns— Lehrer kommt gerade aus d— Schule.
6. Mei— Onkel ist mit d— Flugzeug aus Amerika gekommen.
7. D— Großvater geht ohne sei— Mantel nie aus.
8. Als wir fünf Kilometer von d— Dorf gefahren waren, hielt d— Bus.
9. Gegenüber uns— Schule liegt d— Park.
10. Welch— Fehler hast du gemacht?

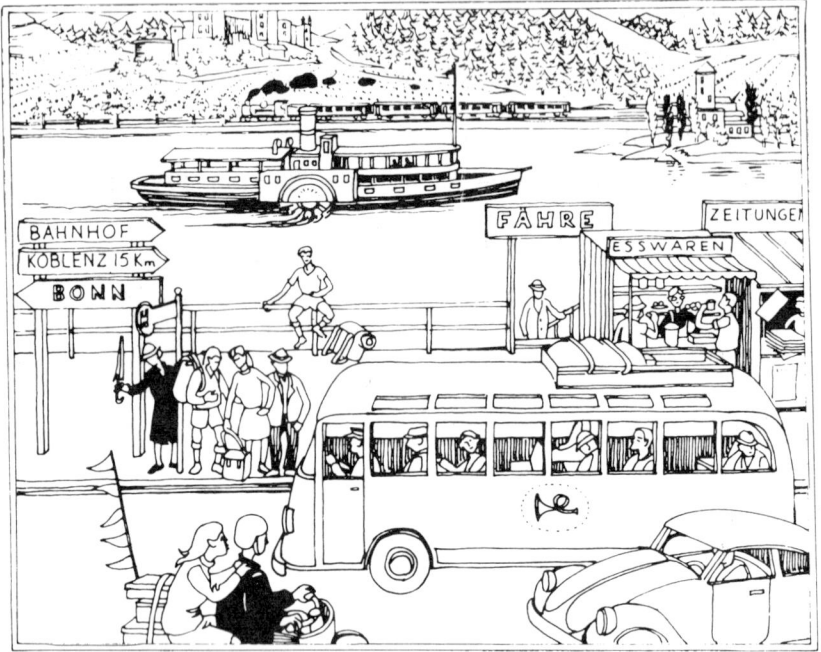

(b) (i) You have witnessed a bank raid and you are giving the police what information you can. List the customers who were in the bank (a man, a woman, your brother, two ladies, a nurse) and tell them what the raider was wearing (a hat, sunglasses, a leather jacket, a sweater).

(ii) You are telling a friend about yesterday's shopping expedition. Mention, firstly, what you bought (a coat, a dress, a sweater, a suitcase, sunglasses) and, secondly, the acquaintances you saw in the store (his/her brother, the lady from the post-office, your aunt, the headmaster).

22. **Nouns and Pronouns in the Nominative and Accusative** (*Sections 31 and 32*)

(a) Write answers to these questions using the information given in brackets. Make use of pronouns where this would be natural.

1. Was hat dein Bruder gekauft? (Auto)
2. Wer hat das Geld gefunden? (Junge)

216

3. Was hast du zum Geburtstag bekommen? (Pullover)
4. Was haben sie zerbrochen? (Fenster)
5. Was hat die Großmutter geschrieben? (Brief)
6. Wen hat der Polizist gesehen? (Dieb)
7. Was trägt man, wenn es regnet? (Regenmantel)
8. Wer hat das Glas zerbrochen? (Kind)
9. Was hat dieser Junge gefunden? (Geld)
10. Wen konnten wir besuchen? (Onkel)

(b) Complete the following sentences by making use of a suitable pronoun:

1. Wo sind Hans und Karl? Ich habe − nicht gesehen.
2. Wo war er denn? Ich habe − nicht gesehen.
3. Wo hast du Frau Jansen gesehen? Ich habe − auf dem Marktplatz getroffen.
4. Wir gehen nicht dahin; sie haben − nicht eingeladen.
5. Ich war da, aber sie haben − leider nicht gesehen.

23. Cases after Prepositions (*Section 33*)

(a) The following questions refer to the picture opposite.

1. Wo sind wir auf diesem Bild?
2. Wo wartet die Dame mit dem Regenschirm?
3. Wie will sie fahren?
4. Wohin fährt der Postbus?
5. Wo fährt das Schiff?
6. Wo sieht man den Zug?
7. Wo ist die Kirche?
8. Wo steht die Burg?
9. Was macht man, wenn man mit der Fähre fährt?
10. Wohin kann man gehen, wenn man hungrig ist?

(b) Complete the following sentences:

1. Wir gehen durch d− Park.
2. Er arbeitet für mei− Vater.
3. Er kommt aus d− Haus.
4. Sie arbeiten in ei− Fabrik.
5. Jetzt geht er in d− Garten.
6. Sie spielen Fußball in d− Garten.
7. Deine Zeitung liegt auf d− Stuhl.

8. Er hat das Paket auf dies— Stuhl gelegt.
9. Ich habe deinen Pullover in dei— Schrank gefunden.
10. Er hat alles in d— Schrank gesteckt.

24. Use of Cases (*Sections 31–6*)

Complete these sentences:

1. Wir fahren in d— Stadt.
2. Das Kino liegt hinter d— Rathaus.
3. Wo ist der Polizist? Sehen Sie die zwei Frauen? Er steht hinter —.
4. Hat dein Bruder ei— Freund? Ja, der Freund mei— Bruders heißt Hans.
5. Trotz d— Wetters wollen wir Camping gehen.
6. Udos Vater arbeitet bei d— Post.
7. Der Hund mei— Schwester ist drei Jahre alt.
8. — Weihnachten schenke ich mei— Bruder ei— Schallplatte.
9. Ich muß mei— Onkel dies— Brief geben.
10. Der Kleine zeigte sei— Großvater sei— Geburtstagsgeschenk.

25. Special Uses of Prepositions (*Section 33* (*e*) *and* (*f*))

(*a*) Answer these questions using Section 33 (*e*) and (*f*) to help you. Begin your answers with *Ja*, . . . and try to avoid using nouns in your replies.

1. Wo war das Geld? In dieser Tasche? Ja, . . .
2. Fahren Sie oft mit diesem Zug? Ja, . . .
3. Haben Sie viel Geld für diese Schuhe bezahlt? Ja, . . .
4. Ist Frau Schulz jetzt an der Reihe? Ja, . . .
5. Warst du auch bei der Party? Ja, . . .

(*b*) Complete these sentences:

1. Sie denkt immer — ihren Sohn.
2. Wir freuen uns — die Ferien.
3. Ich warte — meinen Freund.
4. Ich habe diese Tasche — der Straße gefunden.
5. Wir haben ein Picknick — dem Lande gemacht.
6. Dieses Kleid ist — Wolle.
7. Sie dürfen — uns wohnen, so lange Sie in England sind.
8. Ich habe sie — Liesel kennengelernt.

(*c*) Complete these sentences:

1. Eine Fußballmannschaft besteht – elf Spielern.
2. Sie schriebt den Brief – deutsch.
3. Mein Bruder arbeitet – Bäcker.
4. Sie bat uns – Hilfe.
5. Als ich – Hause war, trank ich immer Kaffee – Frühstück.
6. Meiner Meinung – ist er schon nach Hause gegangen.
7. Sie hat immer Angst – einem Gewitter.
8. Ich kann dir das Geld jetzt nicht geben. Ich habe nämlich kein Geld – mir.

26. Possession (*Section 34*)

Example. Das Haus gehört meinem Onkel. Es ist in der Sternstraße.
Das Haus meines Onkels ist in der Sternstraße.

Use the method employed in the example to combine each pair of sentences.

1. Der Stock gehört diesem Mann. Er ist sehr lang.
2. Der Hund gehört einer Dame. Er ist schwarzweiß.
3. Diese Schallplatte gehört dem kleinen Mädchen da. Die Platte gefällt mir sehr.
4. Das Auto gehört meinem Vater. Es war sehr teuer.
5. Der Korb gehört meiner Mutter. Er ist sehr schwer.

27. The Indirect Object (*Sections 35 and 36*)

Complete these sentences by including the word in brackets and adding an appropriate article where necessary.

1. Ich schreibe einen Brief (Onkel).
2. Sie hat ein Geschenk gegeben (mir).
3. Der Ober brachte ein Glas Weißwein (Frau).
4. Ich will Ihnen zeigen (Brief).
5. Meine Tante hat meiner Schwester gekauft (Füller).
6. Mein Chef schickt Ihnen erst morgen (Brief).
7. Hier ist der Pullover. Meine Tante hat ihn gekauft (mir).
8. Mein Vater hat mir gegeben (es).

28. Numerals, Measurements, Time of Day etc. (*Sections 40–43*)

(*a*) How would you read the following numerals in German?

1, 7, 12, 15, 16, 17, 21, 26, 30, 31, 57, 66, 71, 101, 114, 205, 456.

(*b*) Answer the following questions in German:

1. Wann hast du Geburtstag?
2. Wann bist du geboren?
3. Wann beginnen unsere Weihnachts- (Sommer)ferien?
4. Wie oft in der Woche hat die Klasse Deutsch?
5. Wie groß bist du?
6. Wie alt ist die Schule?
7. Wie spät ist es?
8. Wann beginnt die erste Stunde?
9. Wann beginnt die zweite Stunde?
10. Wann beginnt die Morgenpause?
11. Wann ist sie zu Ende?
12. Wann ist die Schule morgens aus?

29. Time Phrases (*Section 44*)

Complete the following sentences:

1. Nächst– Woche fahren wir nach Spanien.
2. Ich komme jed– Tag   – Sommer zu Fuß in die Schule.
3. – Winter ist das Wetter kalt.
4. Können Sie – Freitag kommen?
5. Sonntag– gehen sie in die Kirche.
6. – Weihnachten haben wir zwei Wochen Ferien.
7. Ich habe das Buch   – zwei Wochen gekauft.
8. – Ostern besuchen wir meinen Onkel.
9. Ich arbeite – zwei Stunden und die Aufgabe ist noch nicht fertig.
10. In Deutschland kommen die Kinder – mit 6 Jahren in die Schule.

12
Texts of aural comprehension and Nacherzählung passages

AURAL COMPREHENSION PASSAGES

1. A TRIP TO THE SEA

Die Familie Brockmeyer wohnt in Lübeck. Das ist nicht so weit von der Ostsee entfernt. Wenn das Wetter schön ist, und sie Lust haben, sich auf dem Strand auszuruhen, fahren sie oft dahin.

Vorigen Samstag haben sie so einen Ausflug gemacht. Am Abend vorher waren die Wetternachrichten gut, und sie packten alles gleich ins Auto, so daß sie am nächsten Morgen um halb zehn abfahren konnten.

Gegen elf Uhr kamen sie an. Die Sonne schien schon sehr warm aus einem wolkenlosen Himmel. Herr Brockmeyer, der die Picknicksachen trug, schwitzte sehr, als sie endlich ihre Lieblingsecke mitten in den Dünen erreichten.

* * *

Sobald sie ihre Sachen in Ordnung gebracht hatte, zogen sie sich um und liefen in die Wellen. Da blieben sie eine halbe Stunde lang. Später spielten sie Ball auf dem Strand. Dann schickte Herr Brockmeyer seine beiden Söhne in die Dünen. Sie kamen bald mit Holz zurück. Während Frau Brockmeyer das Essen vorbereitete, steckte Herr Brockmeyer ein Feuer an, und sie kochten Kaffee.

Nach dem Essen lagen sie in der Sonne oder spielten auf dem Strand, bis es Zeit war, nach Hause zu gehen.

(West Midlands Examination Board)

2. A YOUNG MAN TRIES TO MAKE A QUICK FORTUNE

Südafrika ist ein Land, wo man viel Gold und viele Diamanten findet. Vor vier Jahren lebte in Johannesburg ein junger Mann, der Georg Krüger hieß. Schon zwei Jahre war er Lehrling in einer großen Bäckerei aber er hatte gar keine Lust, immer so schwer zu arbeiten. Er hoffte nur darauf, plötzlich reich genug zu werden, ein vortreffliches Haus zu kaufen und ein bequemes Leben zu führen.

Eines Morgens las er eine Anzeige in der Zeitung von einem gewissen Mann, der Diamanten zu einem sehr billigen Preis verkaufen wollte. Krüger kam auf die Idee, einige dieser Edelsteine zu kaufen, um sie später zu einem höheren Preis wieder zu verkaufen.

Am Abend desselben Tages besuchte er den Mann, der Schmidt hieß, und sagte:

„Ich habe Ihre Anzeige gesehen und ich interessiere mich für Ihr Angebot."

Erfreut brachte Schmidt einen kleinen Umschlag heraus, der zwei glänzende Diamanten enthielt. Er sagte zu Krüger:

„Nehmen Sie diese zwei Steine und zeigen Sie sie einem Fachmann. Sie können sich dabei versichern, daß sie echt sind."

* * *

Der junge Mann folgte seinem Rat und von dem Fachmann erfuhr er, daß die Diamanten von der höchsten Qualität waren. Sogleich ging er zu Schmidt zurück. Er reichte ihm 500 Pfund, all das Geld, das er bis dahin gespart hatte. Dafür erhielt er ein Säckchen funkelnde Steine.

Drei Wochen nachher versuchte Krüger, die Steine einem wohlbekannten Diamantenhändler zu verkaufen. Von ihm hörte er die traurige Wahrheit. Abgesehen von den zwei Diamanten, die man früher geprüft hatte, waren all die anderen Steine ganz wertlos. Georg Krüger war untröstlich.

(Welsh Joint Education Committee)

222

3. JULIUS IS AFRAID OF THE POLICE

Vor dem Hause spielten die Kinder der Straße an einem schon etwas kühlen aber sonnigen Oktobertag. Plötzlich hielt ein Auto. Zwei Polizisten sprangen heraus, sahen schnell um sich und sprachen dann zu einem der Jungen, der Julius hieß.

Er war der Größte und sah deshalb älter aus als Karl, obwohl dieser fast siebzehn war, also drei Jahre älter als die anderen. Karl hatte auch schon einen kleinen Bart.

*   *   *

„Hast du eben einen Mann mit Brille gesehen, der über die Straße lief?" fragten sie. „Er rannte aus dem Geschäft dort gegenüber und trug eine Ledertasche unter dem Arm", sagte einer der Beamten noch.

Julius liebte die Polizei nicht. Vor drei Monaten hatte er eine Wurst auf dem Markt gestohlen. Ein Polizist hatte ihn dabei gesehen. Was sollte er jetzt tun? Weglaufen? Ach nein, das hatte ja keinen Zweck; die Polizisten waren motorisiert.

„Nein, ich habe niemand gesehen", sagte Julius. „Das glaube ich dir nicht", sagte der Polizist, „du bist doch nicht blind. Am hellen Tage hast du doch bestimmt jemand gesehen − einen Mann mit Brille und Ledermappe. Der hat Uhren gestohlen. Willst du uns nicht helfen? "

„Ich habe keinen Mann gesehen, der aus dem Laden da drüben gerannt ist", sagte Julius.

„Ich glaube, du sagst nicht die Wahrheit. Du mußt mitkommen! Steig ein!"

(S.E. Regional Examinations Board)

4. FAREWELL AT THE STATION

Der Zug will gerade abfahren. Helga und ihr Bruder Rolf stehen in der Bahnhofshalle und sehen auf die Uhr.

Helga   Auf dieser Uhr ist es schon halb zwölf. Geht sie richtig?

Rolf   Natürlich geht sie richtig. Bahnhofsuhren gehen immer richtig.

Helga   Glaubst du, ich kann mir noch schnell eine Zeitung kaufen, da am Kiosk?

Rolf   Ja, aber schnell, du hast nur noch drei Minuten Zeit, bis der Zug abfährt.

223

Helga	Gut, ich mache schnell. Ich möchte nicht gern hier in Hannover übernachten. Die Hotels sind wahrscheinlich so spät abends alle voll.
Rolf	Ja, nur in den ganz teuren Hotels kann man noch Zimmer haben, aber so viel Geld hast du nicht.

*   *   *

Helga	Du hast recht. Ich habe sogar sehr wenig Geld. Gib mir doch bitte etwas für eine Zeitung.
Rolf	Ach so, ja, gut, hier sind fünf Mark. Davon möchte ich aber noch etwas zurückbekommen, eine Zeitung kostet nur dreißig Pfennig.
Helga	Ja, aber ich will meiner Tante auch etwas mitbringen, vielleicht ein bißchen Schokolade, oder Blumen.
Rolf	Nein, Blumen nicht, der Blumenladen hat so spät am Abend nicht mehr offen. Schokolade ist auch billiger.

Helga geht und kommt nach einer Minute wieder zurück. Von dem Geld ist nichts mehr übrig.

Helga	So, ich habe alles. Jetzt schnell noch einen Kuß, und dann muß ich einsteigen.
Rolf	Meiner Schwester gebe ich doch keinen Kuß! Besonders nicht am Bahnhof vor so vielen Leuten.
Helga	Also dann nicht! Auf Wiedersehen, ich muß jetzt einsteigen.
Rolf	Auf Wiedersehen! Schlaf nicht gleich im Zug ein, an der Zonengrenze mußt du doch wach sein. Und grüße die Tante schön von mir!

Der Zug fährt ab. Helga hört ihren Bruder nicht mehr, denn sie sucht schon einen freien Platz und findet endlich einen. Im Zug nach Berlin ist es immer schwer, einen Platz zu bekommen.

(Middlesex Regional Examining Board)

5. DETECTIVES COME TO SCHOOL

Als in Zürich die Jungen aus der fünften Klasse aufstanden, lag neuer Schnee auf der Erde. Das freute sie sehr, besonders weil die Weihnachtsferien in wenigen Tagen beginnen sollten.

Um acht Uhr gingen die Jungen wie gewöhnlich in die Schule, aber der Lehrer war immer noch nicht in der Klasse. Eine Viertelstunde warteten sie und dann noch eine, und sie machten einen Lärm wie eine Bande von wilden Tieren. Plötzlich öffnete die Tür, und der Lehrer stand da. ,,Ruhe'', schrie er.

Donnerwetter! Der Schuldirektor war ja bei dem Klassen-lehrer, und in der Klasse war es plötzlich so still wie in einer Kirche. Und da neben dem Direktor war noch einer. Das war Kommissar Rademacher.

* * *

Die Jungen hatten alle Angst vor der Kriminalpolizei. Eine ganze Menge von Schülern sahen blaß im Gesicht aus. Sie erinnerten sich plötzlich an alle ihre schlechten Taten aus dem letzten halben Jahr: Äpfel gestohlen, Fenster gebrochen, Autos gefahren.

Und nun kamen die drei Männer ins Klassenzimmer. Sie hatten sehr ernste Gesichter. Der Direktor begann zu sprechen. ,,Gestern abend kam Fritz Bernhard nicht mehr nach Hause. Seine Eltern warteten zwei Stunden auf ihn, aber dann haben sie mir telefoniert. Ich ging zu Ihrem Klassenlehrer; ich dachte, vielleicht mußte Fritz Bernhard in der Schule bleiben. Aber nein. Er ging wie Sie alle um vier Uhr nach Hause, wie es gerade dunkel wurde. Und dann habe ich die Polizei alarmiert.''

(Metropolitan Regional Examinations Board)

6. A HOLIDAY ADVENTURE

Am nächsten Morgen standen wir alle sehr früh auf. Während der Nacht hatte es nicht geregnet, die Sonne schien jetzt hell, und die Vögel sangen in den Hecken und Bäumen. Nachdem wir gefrühstückt hatten, fingen wir alle an, unsere Sachen zu packen.

Eine Stunde später waren wir fertig und wollten weiter-wandern. Da sahen wir aber zwei Männer am Fuße des Berges, die etwas riefen. Nach einigen Minuten erreichten sie uns, und wir bemerkten, daß sie beide graue Uniformen trugen.

Die Männer waren Polizisten. Sie erzählten uns, daß ein zwölfjähriger Junge und seine junge Schwester am Nachmittag vorher ihr Haus verlassen hätten, um ihre Großmutter im benachbarten Dorfe zu besuchen. Sie waren aber nicht zurückgekommen. Die Polizisten fragten uns, ob wir helfen könnten, die Kinder wiederzufinden. Natürlich wollten wir helfen und fragten die Polizisten, wo wir am besten suchen sollten.

Wir stiegen in das Tal hinunter und gingen über die Wiesen an dem Ufer des Flusses entlang, bis wir zu einem großen Tannenwald kamen, der zwischen den beiden Dörfern lag. Wir gingen durch den Wald, jeder ungefähr fünfzig Meter von dem anderen. Jeder sollte pfeifen, wenn er die Kinder fand.

Nach langem Suchen fanden wir sie unter einem Baum, wo sie die Nacht verbracht hatten. Sie waren müde und naß, aber sonst war alles in Ordnung. Wir trugen sie zur Landstraße, wo das Polizeiauto stand und bald waren sie zu Hause.

(N.W. Secondary School Examinations Board)

7. A DAY AT THE SEA

Da es ein schöner, warmer Sonntag war, beschloß die Familie Huber einen Spaziergang zu machen. Die Eltern wollten nur irgendwo in der Nähe spazieren gehen, aber Peter und seine jüngere Schwester Inge gingen lieber an die See. Herr und Frau Huber gaben nach, und alle vier fuhren mit dem Bus an die Küste.

Nach einer Stunde erreichten sie die See. Sie stiegen aus dem Bus, und die Kinder liefen an den Strand. Das Meer war kaum zu sehen. Hier konnten sie einen schönen Spaziergang machen.

Während sie den Strand entlanggingen, sammelten die zwei kleinen Kinder Muscheln. Jedes versuchte die schönsten und größten zu finden.

* * *

Nach einer Weile beschlossen sie zurückzugehen. Sie waren aber sehr überrascht, als sie bemerkten, daß sie es nicht tun konnten. Die Flut hatte ihnen den Weg abgeschnitten. Zuerst versuchten sie weiter um die Felsen herumzugehen, aber es war unmöglich.

Sie mußten schnell die steilen Felsen hinaufklettern. Frau Huber war sehr böse, daß sie und ihr Mann so unaufmerksam gewesen waren.

Die Flut stieg immer höher, aber die Kinder lachten, weil sie sahen, daß das Wasser sie nicht erreichen konnte.

Glücklicherweise hatten sie Tee und Kuchen mitgebracht. Sie aßen und tranken und erzählten einander komische Geschichten.

Bald aber wurde es kühl, und sie waren froh, als die Ebbe endlich eintrat. Sie kletterten die Felsen wieder hinunter und gingen so schnell wie möglich nach Hause.

(Welsh Joint Education Committee)

8. THE CLASS OUTING

Letzte Woche ist unsere Klasse in den Harz gefahren. Wir sind um 7 Uhr morgens mit dem Bus vom Bahnhofsplatz abgefahren. Natürlich waren wir alle sehr froh, und wir haben die ganze Zeit Lieder gesungen.

Die alte Kaiserstadt Goslar liegt am Rand des Harzes, und da haben wir unsere erste Pause gemacht. Ich habe mir die alten Häuser angesehen und bin durch die Straßen bis zum Schloß gegangen. Es heißt die Kaiserpfalz, weil früher die deutschen Kaiser da gewohnt haben.

*   *   *

Dann haben wir uns wieder auf den Weg gemacht und sind tiefer ins Gebirge gefahren. An den Abhängen, wo Fichten überall wachsen, stürzen Bäche herunter und fließen durch die engen Täler weiter.

Unser nächstes Ziel war eine Talsperre. Hier war die Landschaft einfach herrlich, und viele Ausflügler fahren jeden Sommer hierher, um die Schönheit des Sees zu genießen. Schade daß es nicht erlaubt ist, hier zu schwimmen oder zu segeln; aber hier sammelt man den Regen, der so häufig auf die herumliegenden Berge fällt, um ihn als Trinkwasser durch eine Wasserleitung bis nach Bremen weiterzuführen.

Wie Sie sich vorstellen können, regnet es sehr oft im Harz, aber wir hatten Glück, denn die Berge haben sich den ganzen Tag im schönsten Sonnenschein gezeigt.

(West Midlands Examination Board)

9. RUDI CALLS ROUND FOR INGE

„Komm bitte heute nicht so spät nach Hause, Inge", sagt die Mutter. „Du weißt ja, unser Haus liegt so einsam am Rande des Waldes, und man weiß nie, wer da hinter den Bäumen sein kann!"

„Schon gut, Mutti; wann soll ich denn kommen? "

„Ja, sagen wir, eine Stunde früher als letzten Samstag; es darf nicht wieder halb zwölf werden. Als ich so alt war wie du, mußte ich spätestens um zehn zu Hause sein."

„Wie, mit fünfzehn Jahren? Ich muß wirklich lachen!"

„Du brauchst gar nicht zu lachen. Beeile dich lieber; Rudi wird bald hier sein. Vergiß deinen Mantel nicht; es ist kalt draußen."

„Mir ist nie kalt, Mutti. Ich trage doch meine Strumpfhosen und die neue Jacke, die Rudi mir zum Geburtstag geschenkt hat. Er wird es nicht gern haben, wenn er mich hier abholt, und ich trage die Jacke nicht."

* * *

Draußen klingelte es. „Ach, das wird er wohl sein, der gute Junge", sagte Inge.

„Aber warum kommt er in dem alten Ford? " fragte ihre Mutter.

„Weißt du denn nicht, daß sein Bruder mit dem Mercedes seines Vaters gegen einen Baum gefahren ist? Seitdem darf keiner mehr mit dem Wagen fahren, nur der Vater selbst, natürlich." Inge ging nach oben.

Die Mutter machte die Tür auf. „Guten Tag, Rudi, kommen Sie herein, — Inge, dein Freund ist hier; willst du nicht kommen? "

„Doch, ich komme schon; muß mir nur noch die Haare kämmen. Gib Rudi doch bitte die Konzertkarten, damit er weiß, was wir für Plätze haben. Sag ihm, er kann rauchen, wenn er Zigaretten bei sich hat, denn wir haben ja keine im Hause."

(S.E. Regional Examinations Board)

10. THE JOURNEY TO GERMANY

„In Köln müssen Sie umsteigen, dieser Zug hält nicht an jedem Bahnhof", sagte der Junge, der Jean gegenübersaß. „Danke sehr", sagte Jean. Viel mehr konnte sie auf deutsch auch nicht sagen. Sie wollte gern wissen, wie lange es noch dauerte bis Köln, aber das konnte sie nicht.

228

Als der Zug langsamer fuhr, glaubte sie in Köln zu sein. Mit traurigem Gesicht sah sie nach oben. Dort im Gepäcknetz lag ihr Koffer, ihr schwerer Koffer. Sie konnte ihn nicht allein auf den Bahnsteig tragen: er war viel zu schwer. Gepäckträger sind ein Problem in Deutschland; das hatte man ihr gesagt.

*   *   *

Mit ihren hilflosen Augen sah sie dann den Jungen an; es wirkte. „Darf ich Ihnen mit dem Koffer helfen? Das ist doch zu schwer für Sie!" „Ja, bitte", antwortete Jean und wurde rot. Dann hielt der Zug: „Hier ist Köln, Köln Hauptbahnhof", sagte ein Lautsprecher. Der Junge stieg mit ihrem Koffer aus. Sie folgte ihm.

„Nach Bingen können Sie heute abend nicht mehr", sagte der Junge. „Unser Zug hatte fast zwei Stunden Verspätung. Jetzt fährt kein Zug mehr. Gehen wir doch in das Bahnhofsrestaurant! Das bleibt die ganze Nacht offen. Wir essen und trinken etwas, und morgen früh können Sie dann zu Ihrem Brieffreund weiterfahren."

(S.E. Regional Examinations Board)

11. AN ANNOYING MISTAKE

Hugo mußte jeden Tag außer am Wochenende um sieben Uhr in der Fabrik sein. Er stand immer um sechs Uhr auf und um halb sieben verließ er das Haus auf seinem Fahrrad. Am Dienstagmorgen, als der Wecker rasselte, stellte er ihn so schnell wie möglich ab, um seine Frau nicht zu wecken. Er machte sich gleich fertig und ging in die Küche, um Kaffee zu machen. Nach dem Frühstück wollte er eben sein Fahrrad aus dem Schuppen holen, als er bemerkte, daß es draußen noch ganz dunkel war. Gestern war es um diese Zeit doch schon hell!

*   *   *

Hugo drehte das Radio an, ganz leise natürlich, aber kein Sender war zu hören. Sonderbar! Der Apparat schien doch gut in Ordnung zu sein. Dann ging er ins Wohnzimmer, wo er auf der großen, alten Standuhr die Zeit sah — es war vier Uhr! Voll Ärger wollte er sich wieder ins Schlafzimmer schleichen, als seine Frau erschien, und wissen wollte, warum er um diese Zeit solchen Lärm machte?

(Metropolitan Regional Examinations Board)

12. HOLIDAY DIFFICULTIES

Die Pinnebergs fuhren gerade nach Frankreich, um ihren Urlaub in der französischen Hauptstadt zu verbringen. Sie waren natürlich glücklich: zwei Wochen lang keine Arbeit; keine Sparkasse und keine Kunden, kein Kochen und kein Staubwischen. Frau Pinneberg wollte seit langem da einkaufen gehen, und ihr Mann wünschte, die Sehenswürdigkeiten zu besichtigen.

„Hast du meinen großen Koffer und meine Reisetasche gepackt, Heinrich? " sagte Frau Pinneberg plötzlich.

„Ja natürlich, meine Liebe. Mach dir keine Sorgen. In zehn Kilometern sind wir an der Grenze."

„Dann brauche ich meinen Paß. Wo ist meine Handtasche, Heinrich? Ah, hier ist sie. . .

* * *

. . . Ach, Heinrich. Der Paß ist nicht da. Das kann ich nicht verstehen. . . Doch, er ist in meiner roten Handtasche – zu Hause, in dem Kleiderschrank."

„Wie ist das denn passiert? Warum hast du sie nicht mitgebracht? "

„Weil sie meinem Anzug nicht ganz paßt. Zuerst wollte ich sie mitbringen, und dann habe ich es mir in der letzten Minute anders überlegt. Aber wir müssen gleich zurückfahren."

„Das kann ich nicht. Wir sind nämlich auf der Autobahn. In zehn Kilometern ist eine Ausfahrt – direkt an der Grenze – erst dann können wir zurückfahren. So was Dummes! Hast du vielleicht auch vergessen, das Küchenfenster zu schliessen? "

„Aber Heinrich. Sei bitte nicht so beißend!"

„Ich bin aber ganz ernst, meine Liebe. Ich habe auch meinen Hausschlüssel in deine rote Handtasche gesteckt."

(West Midlands Examination Board)

13. RITA GOES SHOPPING

„Darf ich mir noch ein Eis kaufen? " fragte Rita, als sie für die Mutter einkaufen ging. „Ja, also gut, hier sind zehn Mark. Das, was du nicht für Fleisch, Kartoffeln und Gemüse ausgibst, kannst du für dich behalten." „Vielen Dank, Mutti. Wann soll ich wieder zu Hause sein? " „Also, jetzt ist es neun . . . sagen wir, um halb zwölf."

Als Rita zur Haustür hinausging, sagte die Mutter noch: „Bitte, komm nicht zu spät nach Hause; du weißt ja, Vater muß pünktlich essen, weil die Bank um zwei Uhr wieder aufmacht, und er ist jetzt immer schon gern eine Viertelstunde vorher wieder da, weil so viele Leute auf Ferien sind und er furchtbar viel Arbeit hat."

Rita fuhr in die Stadt, kaufte ein, vergaß ihr Eis nicht, und hatte sogar zwei kleine Tafeln Schokolade gekauft, damit ihre beiden Brüder auch etwas hatten, wenn sie vom Fußball zurückkamen. Während der Ferien gingen nämlich ihre Brüder jeden Morgen auf den Sportplatz und trainierten.

* * *

Aber als Rita in die Straßenbahn stieg, um für ihre letzten dreißig Pfennig nach Hause zu fahren, verlor sie das Geld; sie ließ es aus der Hand fallen, weil der Korb mit ihren Einkäufen so schwer war, und es rollte auf die Straße hinunter. Schon schlossen sich die Türen automatisch. „Was wird der Schaffner sagen?" dachte sie.

Aber Rita hatte Glück. In der Ecke des Wagens sah sie voller Freude ihre Freundin Ellen stehen. „Ellen, hast du Geld?" fragte sie sie. „Kannst du mir bitte das Fahrgeld für die Straßenbahn leihen? Ich habe leider mein Geld eben verloren." „Aber natürlich, Rita, hier ist meine Handtasche; nimm dir, was du brauchst."

(Middlesex Regional Examining Board)

14. MANFRED'S BAD DAY

Als Manfred elf Jahre alt war, ging er gerne mit seinen Freunden auf den Hügeln in der Nähe von seinem Haus spazieren.

An einem Sommertag war der Himmel blau und wolkenlos. Eine kleine Gruppe, die aus vier Mädchen und vier Jungen bestand, machte sich auf den Weg. Nach einer Viertelstunde kamen sie an einen Bach, der zwischen den grünen Hügeln dahinfloß.

Sie saßen eine Weile am Ufer des Baches. Dann schlug einer der Jungen vor, daß sie zwei Mannschaften wählen sollten, um über den Bach zu springen. Alle waren einverstanden und sie suchten den breitesten Teil des Baches. Dort sprangen die ersten sieben Kinder ohne Schwierigkeit hinüber. Dann kam Manfred an die Reihe.

* * *

Er lief schnell den kleinen Abhang zum Bach hinab. Als er den Rand des Wassers erreichte, stolperte er über einen groben Stein. Er fiel kopfüber ins kalte Wasser. Die anderen Kinder erschraken zunächst. Dann begannen die Mädchen zu lachen.

Manfred wurde rot vor Scham, besonders weil die Mädchen das andere Ufer mühelos erreicht hatten. Er kroch aus dem Wasser, und einer seiner Freunde half ihm auf die Beine. Er war tropfnaß. Hände, Gesicht und Kleider waren mit Schlamm bedeckt. Er konnte kein Wort sagen.

Später am Nachmittag erkletterten die vier Jungen Bäume. Die Mädchen schauten nur zu. Manfreds Schuhe waren noch naß und dieses Mal rutschte er auf einem Ast aus.

In der Tat ein unglücklicher Junge!

(*Welsh Joint Education Committee*)

15. THE ESCAPE

Anfang Oktober hatte der englische Soldat alles vorbereitet. Er wartete auf einen Tag, an dem es stark regnen würde. An einem solchen Tag waren wenige Leute auf den Straßen und es wurde früh dunkel.

Eines Tages fing es am frühen Morgen an, heftig zu regnen. Der Engländer sagte, er sei krank. Daher durfte er in dem Lager bleiben. Als es dunkel wurde und der Posten nicht in der Nähe war, schlich er aus dem Lager in die Dunkelheit hinaus. Er trug die deutsche Uniform. Es waren wenige Menschen auf den Straßen. Er sah nur einige deutsche Soldaten, die ihn grüßten, denn sie dachten, daß er ein deutscher Offizier wäre.

Bald kam er an den Bahnhof, wo er eine Fahrkarte bis zu einem belgischen Dorf löste, das nur ein paar Kilometer von der Grenze lag. An jeder Station hatte er Angst, daß jemand ihn erkennen würde, aber fast alle Reisenden waren Belgier und niemand achtete auf den deutschen Offizier.

Als der Zug sich der Stadt näherte, wo er aussteigen sollte, ging er in ein leeres Abteil. Bevor der Zug in den Bahnhof einfuhr, öffnete er die Tür und sprang ab. Er ging dann so schnell wie möglich über die Wiesen in Richtung der französischen Grenze. Eine Stunde später kam er in ein französisches Dorf, wo er sofort zum Schullehrer ging. Dieser gab ihm trockene Kleider, etwas zu essen und verbarg ihn bis zum folgenden Tag.

(*N.W. Secondary School Examinations Board*)

16. AN UNHAPPY SECRETARY

Während Traudi arbeitete, hörte sie den Lärm des Verkehrs. Sie war traurig. Herr Klett, der Leiter des Reisebüros, gab ihr immer soviel Arbeit, und heute war sie besonders traurig, weil ihr Freund Eberhard vor zwei Tagen nach München gefahren war. Er machte nämlich eine Geschäftsreise für seine Firma und sollte acht Tage da bleiben. Sie hörte auf zu tippen, um besser an Eberhard zu denken. Sie dachte an das kleine Nachtlokal, wo sie am Samstagabend mit Eberhard getanzt hatte.

* * *

„Schon fertig, Fräulein Dehmel?" ertönte plötzlich eine scharfe Stimme. Herr Klett war zurück.

„Nein, Herr Klett", sagte sie und fing an, wieder zu tippen. Sie haßte ihn. Er war reich, wohnte allein und liebte niemand.

Dann hatte sie eine Idee. Sie hatte heute einen Brief von ihrem Bruder erhalten, der in einer kleinen Stadt in der Nähe von München wohnte. Seine Frau war im Krankenhaus, und er konnte wegen seiner beiden kleinen Töchter nicht zur Arbeit gehen. Wenn sie Herrn Klett den Brief zeigte, würde er ihr bestimmt ein paar Tage Urlaub geben. Dann könnte sie zu ihrem Bruder fahren und ihm helfen; und wenn sie dann einen Abend frei hätte, so könnte sie nach München fahren.

(West Midlands Examination Board)

17. HANS GETS UP AND GOES TO SCHOOL

„Aufstehen!" Es war die Stimme der Mutter, die aus der Küche rief. Hans stand nicht gern auf, besonders an einem Montag. In der ersten Stunde hatte seine Klasse auch noch Mathematik; und dann kam Deutsch; das hatte er genau so ungern.

Hans sah auf die Uhr. Es war sieben Uhr, also eine halbe Stunde später als gewöhnlich. Draußen war es noch ganz dunkel; und kalt war es auch. Schnell wusch er sich und zog sich an. In fünf Minuten war er unten. Während er frühstückte, putzte ihm die Mutter die Schuhe, weil der Vater schon zur Arbeit gegangen war und es deshalb nicht mehr tun konnte.

* * *

Hans aß nur ein Brötchen anstatt zwei, trank keinen Kaffee mehr, denn er konnte nicht warten, bis er kühl genug war.

Draußen konnte man schon die Straßenbahn hören. Hans lief ans Fenster. „Ach, es ist die Drei", sagte er, „meine Acht kommt also erst in zwei Minuten."

Der Junge erreichte rechtzeitig die Haltestelle, die Bahn kam, aber sie fuhr vorbei. Hans sah das Schild, das im Fenster hing. „Besetzt" stand darauf. Jetzt konnte er noch zehn Minuten warten. „Das macht nichts", dachte er, „dann komme ich eben zu spät in die Mathematikstunde, je später desto besser!"

(S.E. Regional Examinations Board)

18. AN EVENING OUT

Es ist halb acht abends. Helmut und seine Freundin Helga sind in die Stadt gefahren, um seinen Geburstag zu feiern. Jetzt sitzen sie an einem Tisch in einer Ecke des Restaurants. Helmut sieht die Speisekarte an und sagt:

—Ich schlage vor, wir essen heute abend Wiener Schnitzel. Und vorher vielleicht die Gemüsesuppe?

Aber Helga ist nicht begeistert.

—Schnitzel schmecken natürlich gut, aber ich esse lieber Rumpsteak. Auch ist es heute nicht so teuer. Die Tomatensuppe soll auch sehr gut sein. Ah, hier kommt der Ober.

—Guten Abend, meine Herrschaften! Bitte schön?

Helmut bestellt zweimal Tomatensuppe, Rumpsteak mit Kopfsalat und Bratkartoffeln. Auch bestellt er eine Flasche Wein.

Nach fünf Minuten bringt der Ober die Suppe und den Wein. Helmut probiert den Wein, findet ihn gut und der Ober gießt ein. Dann wünscht er ihnen: „Guten Appetit!"

(West Midlands Examinations Board)

19. THE MATCH IS INTERRUPTED

Auf einem Spielplatz an der Themse findet an einem schönen Freitagnachmittag ein lustiges Fußballspiel statt. Es ist nicht eins von diesen erstklassigen Spielen in Wembley, wie zum Beispiel Deutschland gegen England, sondern es spielen ganz einfach die Jungen von der Oberschule. Beide Mannschaften spielen besonders gut, und der Sportlehrer freut sich über seine Schüler. Plötzlich hört man von dem nahen Fluß laute Schreie. Sofort läßt Peter den

Ball fallen und läuft mit Stephan an den Fluß, wo sie im Wasser einen alten Mann liegen sehen.

* * *

„Das ist der alte Mann, der immer im Gasthaus sitzt", sagt Peter. Schnell zieht er seine Schuhe aus und springt ins Wasser. Er erreicht den Mann gerade zur rechten Zeit. Als er ihn aus dem Wasser schleppt, sieht er, daß dort schon viele Leute stehen. Ein Krankenwagen ist bald zur Stelle und bringt den betrunkenen Mann weg. Peter und Stephan gehen stolz und glücklich zum Fußballspiel zurück.

(Metropolitan Regional Examinations Board)

20. A BURGLAR IS ARRESTED

Als sie das Haus erreichten, konnten sie ein Licht sehen, das aus einem Fenster im Erdgeschoß schien. Einer der Polizisten ging leise an die Rückseite des Hauses, während der andere ein offenes Fenster suchte. An der Seite des Hauses fand er eines, das ins Eßzimmer führte. Kaum atmend ging er durch das dunkle Zimmer, öffnete die Tür und sah sich um. Am Ende des Korridors war das Licht wieder durch eine halboffene Tür zu sehen. Auf den Zehenspitzen ging er den Korridor entlang, öffnete die Tür weit und sah tief in das beleuchtete Zimmer hinein.

Hinter einem Sessel stand ein großer schwarzhaariger Mann über einen Schreibtisch gebeugt. Er war damit beschäftigt, alles aus der Schublade zu nehmen und in einen Koffer zu stecken, der offen auf dem Tisch lag. Plötzlich blieb er ganz still, als hätte er etwas gehört. Im nächsten Augenblick sah der Polizist seine überraschten Augen, die ihn von der anderen Seite des Zimmers ansahen. Einen Augenblick lang bewegte sich keiner von beiden. Dann nahm der Einbrecher schnell ein Tintenfaß vom Tisch und warf es gegen die Lampe. In der Dunkelheit stolperte der Polizist über den Sessel. Im Aufstehen sah er die Gestalt des Einbrechers aus dem Zimmer verschwinden. Er lief dem Einbrecher nach, nahm seine Polizistenpfeife aus der Tasche und pfiff laut. Einige Sekunden später lief der Einbrecher dem anderen Polizisten, der hinten im Garten auf ihn wartete, in die Hände und wurde verhaftet.

(N. W. Secondary School Examinations Board)

NACHERZÄHLUNG PASSAGES

1. THE UNCONNECTED TELEPHONE

Ein junger Rechtsanwalt, namens Helmut Schmalbach, hatte eben sein neues Büro geoffnet. Er saß hinter seinem Schreibtisch und wartete auf seinen ersten Klienten, der keinesfalls wissen sollte, daß er der erste war. Plötzlich hörte er Schritte draußen auf der Treppe. Es klopfte gegen die Tür seines Arbeitszimmers und ein Mann aus dem Volk trat ins Zimmer ein. Obgleich das Telefon noch nicht an das Fernsprechnetz angeschlossen war, nahm Helmut den Hörer sofort in die Hand. „Bitte, nehmen Sie einen Augenblick Platz", sagte Helmut, „Ich habe zwei dringende Gespräche zu führen". Er wählte eine Nummer. Er sprach in den Apparat, anscheinend mit der Sekretärin eines reichen Bankiers, „Ich kann Herrn Schulz erst um sechs Uhr sehen", sagte er. „Früher geht es bei mir nicht, weil ich heute nachmittag noch mehrere Klienten erwarte." Der Mann versuchte ihn zu unterbrechen "Verzeihen Sie, ich wollte nur . . . ." „Also gut", lächelte Helmut „wenn Sie es so eilig haben, nehme ich Sie jetzt." Der Mann kam näher und lächelte zurück: „Ich komme von der Post und möchte nur ihr Telefon anschließen."

(East Midlands Regional Examinations Board)

2. PAINFUL RIDING LESSONS

Christa Körfer hatte immer Angst vor Pferden gehabt. Als Studentin mußte sie reiten lernen, um Sportlehrerin werden zu können.

An einem Dienstag ging Christa in die erste Reitstunde. Die Reitlehrerin führte Christa zu einem ruhigen Pferd, gab ihr ein Stück Zucker und sagte: „Geben Sie dem Pferd den Zucker mit der flachen Hand." Christa war sehr nervös, und als der Pferdekopf näherkam, ließ Christa das Zuckerstück auf die Fingerspitzen rutschen. Da biß das Pferd sie leicht in die Finger, um den Zucker zu bekommen. Es freute sich und schlug mit dem Kopf. Christa aber freute sich nicht, die Finger schmerzten, und die Reitlehrerin lachte.

Die dritte Reitstunde war auch die letzte. Christa saß hoch zu Pferd. Da galoppierte das Pferd auf das Kommando der Reitlehrerin los, es lief einige Male rund um die Halle und blieb plötzlich stehen. Im hohen Bogen fiel Christa auf den weichen Boden. Als sie die braunen Pferdeaugen über sich sah, dachte sie: „Ich werde nie eine Reiterin und nie eine Sportlehrerin werden."

(Southern Regional Examinations Board)

3. ONE IN A MILLION

Der Direktor des großen Kaufhauses hatte beschlossen, den millionsten Kunden zu feiern. Der Haupteingang war festlich geschmückt. Eine Musikkapelle stand bereit und Presse und Fernsehen waren dabei. Der millionste Kunde betrat das Haus. Es war eine Kundin. Der Direktor trat auf sie zu, die Musikkapelle spielte und die Fernsehkameras summten. „Gnädige Frau", sagte der Direktor, „ich begrüße Sie im Namen der Firma als millionsten Kunden. Ich darf Ihnen diese Blumen und dieses Geschenk überreichen und es freut mich, daß unser millionster Kunde eine so schöne, nette Dame ist." Er machte eine kleine Pause für die Photographen und fuhr dann fort. „Viele Menschen sind Zeugen dieses Augenblicks. Bitte, sprechen Sie ein paar Worte. Natürlich besuchen Sie nicht zum erstenmal unser Kaufhaus. Was hat Sie heute zu uns geführt? " Die Kundin war erstaunt aber sie lächelte. Dann sagte sie leise, „Heute wollte ich nur sagen, daß die Bedienung in Ihrem Kaufhaus sehr schlecht ist."

(East Midlands Regional Examinations Board)

4. A WEEKEND ADVENTURE

Als der Wecker am Sonntag klingelte, stand Hans Schmidt gleich auf. Die Sonne schien schon durch sein Fenster. Gestern hatte er zum Geburtstag eine neue Angelrute bekommen, und er wollte sie ausprobieren. Er war sehr hungrig, ging also schnell in die Küche, aß Brötchen mit Marmelade und trank Kaffee. Nach einer Viertelstunde hörte er die Turmuhr des Rathauses sieben Uhr schlagen. Er mußte gehen, um seinen Freund Fritz zu treffen. Er ging zum Keller und holte sein Rad und seine Angelrute. In fünf Minuten war er am Brunnen und sah, daß Fritz schon auf ihn wartete. Sie fuhren fünf Kilometer bis zum Wald. Dann bogen sie links von der Bundesstraße ab und fuhren noch zwei Kilometer bis zum See, wo sie immer gern angelten.

Als sie den See erreichten, sahen sie einen Mann am Ufer stehen.

„Ach, heute haben wir Pech", sagte Fritz. Da steht schon einer und hat den besten Platz. Förster Strate vielleicht. Er angelt gern."

„Aber dieser Mann ist viel kleiner, hat eine Brille an und sieht schmutzig aus."

Dann sahen sie, daß er gerade eine Tasche in den See warf. Da sah er die Jungen und lief weg.

„Hans! Hast du das gesehen? Er angelt gar nicht! Warum würde man das machen?"

„Ach, ich weiß es nicht. Ein Landstreicher war das. Es geht uns nichts an. Finden wir einen guten Platz zum Angeln."

„Das ist aber Unsinn. Das geht uns doch an. Der Mann ist vielleicht ein Dieb. Wenn wir die Aktentasche hätten, so würden wir die Sache besser verstehen."

„Ja, das stimmt. Aber ich bin gekommen, um zu angeln. Wenn du Detektiv spielen willst, Fritz, dann tauch ins Wasser und hole die Tasche heraus."

Fritz zog sich aus und sprang ins Wasser. „Mir friert's." rief er und Hans lachte. Dann tauchte er. Aber das Wasser war schmützig und er konnte nichts sehen. Aber als er es zum dritten Mal versuchte, hatte er Erfolg, und er brachte die Aktentasche ans Ufer. Die beiden Jungen waren ganz aufgeregt, denn auf der Aktentasche waren die Worte DORTMUNDER BANK zu lesen. Aber als sie die Tasche aufmachten, war nichts darin.

Die beiden Jungen wollten die Sache melden, und sie liefen schnell zu ihren Rädern zurück. Da rief Hans: „Mein Rad ist kaputt. Man hat das Hinterrad mit einem großen Stein kaputtgeschlagen."

„Und mein Rad ist nicht hier. Der Dieb hat es gestohlen!"

Sie mußten zu Fuß gehen. Als sie die Bundesstraße erreichten, warteten sie auf den nächsten Wagen. Da kam plötzlich ein Streifenwagen und hielt, weil die Jungen winkten. Sie erzählten, was passiert war, und dann sagte der Polizist: „Anton Stresemann war das. Wir suchen ihn. Vor zwei Wochen ist er aus dem Gefängnis in Köln ausgebrochen. Dann hat er ein Auto gestohlen, bei der Dortmunder Bank in Dülken eingebrochen und 120 000 Mark genommen."

5. A SURPRISE

Es war ein sonniger Augusttag. Herr und Frau Müller und die Kinder Peter und Susi frühstückten im Wohnwagen. Dieser stand auf einem Lagerplatz am Rhein. „Heute kochst Du kein Mittagessen, Mutti", sagte Herr Müller, „wir essen in einem Restaurant, dann hast Du weniger Arbeit." „Doch", erwiderte Frau Müller, „ich koche hier, ich habe eine schöne Überraschung für euch."

Herr Müller und die Kinder machten einen Spaziergang und badeten dann im Rhein.

Frau Müller brachte den Wohnwagen in Ordnung und bereitete das Essen. Sie wusch Salat, schälte Kartoffeln, setzte sie in einem Topf mit Wasser auf den Gaskocher und schüttelte etwas Salz aus einer Plastikdose auf die Kartoffeln. Das Wasser kochte und schäumte und schäumte. Darum legte Frau Müller die Frankfurter Würstchen zum Kochen auf die Kartoffeln.

Um ein Uhr kamen Vater und die Kinder zurück. Sie waren sehr hungrig und freuten sich auf Muttis Überraschung. Mutti legte reichlich auf die Teller und wünschte „Guten Appetit". Nach dem ersten Bissen rief Susi: „Ach, Mutti, was ist denn das? Alles schmeckt nach Seifenpulver!" „Mein Gott", sagte Frau Müller, „ich muß die falsche Plastikdose genommen haben!"

(Southern Regional Examinations Board)

German-English
Vocabulary

der Abend, evening
das Abendbrot, supper
das Abendessen, evening meal
das Abenteuer, adventure
   aber, but, however
die Abfahrt, departure
   abgeben, to give up, hand over
   abgeschabt, threadbare, shabby
   abgesehen von, apart from
   abgetreten, worn down (shoes)
   abgeworfen, thrown off, discarded
     (used also for a stage of a rocket)
der Abhang, slope (of a mountain)
   abholen, to call for, to fetch
   abliefern, to deliver
das Abräumen, clearing away
   abschneiden, to cut off
   absichtlich, intentionally
   absolut, absolute
die Abstände, intervals (on taximeter)
   absteigen, to descend, climb down
   abstellen, to switch off
das Abteil, compartment
die Abteilung, department
   abtrocknen, to dry
   achten auf, achtgeben, to pay attention to
die Adresse, address
die Ahnung, suspicion
die Aktentasche, brief-case
   alarmieren, to alarm
   albern, silly, absurd, foolish
der Alkohol, alcohol
   alkoholfrei, non-alcoholic
   alle, all
   allein, alone
   allmählich, gradually
   als, (*1*) when, (*2*) than (in comparisons)
   also, (*1*) (*exclamation*) right then!
     (*2*) therefore
die Alte, old woman
das Alter, age
   altern, to grow old
   amerikanisch, American
   amüsiert, amused
   an, to, at
die Ananastorte, pineapple flan
   anbieten, to offer
das Andenken, souvenir, reminder
   andere, other
   ändern, to change
   anderthalb, one and a half
   andrehen, to turn on

der Anfang, beginning
   anfangen, to begin
das Angebot, offer
   angeln, to fish
die Angelrute, fishing rod
   angenehm, pleasant
   angesammelt, gathered
   angestrengt, strained, intense
   angetrunken, tipsy
   angreifen, to attack
die Angst, fear
   anhaltend, continuously
der Anhänger, trailer
   ankleiden, to clothe
   ankommen, to arrive
die Ankunft, arrival
die Anlegestelle, jetty
   anmachen, to put on (radio)
   annehmen, to accept, assume
der Anorak, anorak
der Anruf, telephone call
   anrufen, to telephone
   anschließen, to connect
   anscheinend, apparent
   ansehen, to look at
   anstarren, to stare at
   anstatt, instead
   anstecken, (*1*) to infect, (*2*) to light (a fire)
   anstreichen, to paint
   anstrengend, strenuous
   antworten, to answer
die Anzeige, advertisement
   anziehen, to put on (clothes)
der Anzug, suit
der Apfel, apple
der Apfelsaft, cider
die Apfelsine, orange
der Apparat, apparatus (often 'telephone')
der Appetit (Guten Appetit!), appetite (greetings at start of a meal)
der Applaus, applause
   arbeiten, to work
der Ärger, annoyance
   ärgerlich, irritable, cross
   ärgern, to annoy, irritate
der Arm, arm
   arm, poor
   ärmlich, poor, miserable, mean, shabby
der Arzt, doctor
der Aschenbecher, ash tray
   Atem holen, to take a breath

Atlantisch, Atlantic
atmen, to breathe
auch, also
aufbleiben, to stay up (late)
die Aufgabe, task, exercise
aufgeben, to give up
aufgeregt, excited
aufgeschreckt, startled
sich aufhalten, to stay, reside
aufheulen, to roar out (a car engine)
aufhören, to cease
aufknüpfen, to unfasten
aufleuchten, to light up
aufmachen, to open
aufmerksam, attentive
aufreißen, to tear open
sich aufrichten, to set up
der Aufsatz, essay
aufschlagen, to open
die Aufschrift, inscription
aufstoßen, to fling open (a door)
auftauchen, to occur
auftreten, to appear
aufundzuklappen, to open and close
aufwecken, to wake (someone) up
aufweisen, to show, exhibit
aufzehren, to consume
aufziehen, to arise (a storm)
der Aufzug, the lift, elevator
das Auge, the eye
der Augenblick, moment
augenblicklich, momentarily
die Ausfahrt, (motorway) exit
der Ausflug, excursion
der Ausflügler, tripper
ausfüllen, fill up (a form)
der Ausgang, exit
ausgeben, to spend (money)
ausgebrannt und abgeworfen, burnt
    out and released (stage of a rocket)
ausgenommen, excepted
die Auskunft, information
das Auskunftsbüro, inquiry office
auslachen, to laugh at
das Ausland, foreign country
sich ausmalen, to imagine
auspacken, to unpack
ausprobieren, to try out
auspumpen, to pump out
sich ausruhen, to have a rest
ausrutschen, to slip, skid
aussehen, to seem, appear
außer, except for, besides
außerordentlich, extraordinary

aussetzen, to put out (food)
die Aussicht, view
aussteigen, to climb out (of a
    vehicle)
ausstreichen, to cross out
aussuchen, to choose
der Austausch, exchange
austragen, to be held (sporting event)
ausverkauft, sold out
auswählen, to choose, select
sich ausziehen, to get undressed
das Auto (pl. -s), car
die Autobahn, motorway
die Autobahneinfahrt,   motorway
    entrance
der Autobus, bus
automatisch, automatic
die Autowerkstatt, car workshop

der Bach, stream
die Bäckerei, bakery
das Bad, bath
die Badeanstalt, baths, swimming pool
der Badeanzug, swimming costume
die Bahn, railway
der Bahnhof, station
die Bahnhofshalle, station entrance
der Bahnhofsplatz, station square
der Bahnhofsvorplatz, station forecourt
der Bahnsteig, platform
bald, soon
die Bande, gang
die Bank, bank
der Bankier, banker
die Bar, the bar (cafe)
barfuß, barefoot
der Bart, beard
bauen, to build
der Bauer, farmer
das Bauernhaus, farmhouse
der Bauernhof, farm
der Baum, tree
der Baumstamm, treetrunk
der Beamte, official
beantworten, to answer
sich bedanken, to thank
bedauern, to regret
bedeuten, to mean
die Bedienung, service (in a restaurant)
sich beeilen, to hurry
beenden, to end
befehlen, to command
sich befinden, to be situated

begehen, to commit
beginnen, to begin
begleiten, to accompany
begreifen, to grasp, comprehend
begrüßen, to greet
behalten, to keep
bei, at (the house of)
beibringen, to bring forward, produce, supply, suggest
beide, both
das Bein, leg
beinahe, almost
zum Beispiel, (for) example
beißend, biting
beitreten, to join (a club)
der Bekannte, acquaintance
bekanntgeben, to make known, inform, notify
die Bekanntschaft, acquaintance
beklagen, to complain about
bekommen, to receive, obtain
beleidigen, to insult
beleidigt, offended, insulted
beleuchtet, illuminated
der Belgier, Belgian (noun)
belgisch, Belgian (adjective)
die Belohnung, reward
bemerken, to notice, observe
sich bemühen, to strive, try
benachbart, neighbouring
der Bengel, urchin, rude fellow
benutzen, to use
beobachten, to observe
bequem, comfortable
berauscht, intoxicated
bereit, ready
bereitwillig, ready, eager
der Berg, mountain
bergauf, uphill
die Bergbahn, mountain railway
der Beruf, occupation, trade, profession
berühmt, famous
sich beschäftigen mit, to occupy oneself with
beschließen, to decide
beschmieren, to smear
besetzt, occupied
besichtigen, to view, look around
besitzen, to possess
der Besitzer, owner
besonders, especially
besprechen, to discuss
beste, best
bestehen aus, to consist of

besteigen, to climb up
bestellen, to order, reserve
bestimmt, distinct
zu Besuch, on a visit
besuchen, to visit
betreten, to enter
betrunken, drunk
das Bett, bed
die Bettwäsche, bed linen
bevor, before
sich bewegen, to move
sich bewerben, to apply for
bewundern, to admire
bezahlen, to pay
die Bibliothek, library
billig, cheap
der Bindfaden, string, thread
bis, until
ein bißchen, little bit
der Bissen, bite, morsel
bitte, please
bitte schön (*in reply to* danke schön), you're welcome
bitten, to ask, request
blaß, pale
das Blatt, (*pl.* Blätter), leaf
blättern, to turn leaves (pages) over
blauäugig, blue-eyed
bleiben, to stay, remain
der Bleistift, pencil
der Blick, look
blicken, to look
blitzschnell, with lightning speed
blödsinnig, foolish
blond, fair
bloß, mere(ly)
die Blume, flower
das Blumenbeet, flowerbed
der Blumenkohl, cauliflower
der Boden, floor, ground
der Bogen, curve
bombardieren, to bomb
der Bombenangriff, bombing raid
das Boot, boat
an Bord, on board (a ship)
borgen, to borrow
böse, angry
der Boxkampf, boxing match, fight
die Bratkartoffeln, fried potatoes
die Bratpfanne, frying pan
die Bratwurst, small sausage for frying
brauchen, to need
brechen, to break
breit, broad

die **Bremse**, brake
bremsen, to brake
brennen, to burn
der **Brief**, letter
der **Briefkasten**, letterbox
das **Briefpapier**, writing paper
die **Brieftasche**, wallet
der **Briefträger**, postman
der **Briefwechsel**, correspondence
die **Brille**, spectacles
bringen, to bring
brüllen, to roar, bellow
das **Brummen**, buzzing
der **Brunnen**, well, fountain
der **Bube**, boy, lad
das **Buch**, (*pl.*Bücher), book
die **Buchhandlung**, bookshop
der **Buchstabe**, capital letter
buchstabieren, to spell
das **Bündel**, bundle
der **Bundesaußenminister**, Federal Foreign Minister
die **Bundesrepublik**, Federal Republic
die **Bundesstraße**, trunk(main) road
bunt, many coloured
die **Burg**, castle
der **Bürgermeister**, mayor
der **Bürgersteig**, pavement
das **Büro**, office
der **Bus**, bus
die **Bushaltestelle**, bus stop
die **Butter**, butter

das **Cafe**, café
Camping gehen, to go camping
die **Chance** (*pl.* Chancen), opportunity
der **Chef**, boss

das **Dach**, roof
das **Dachzimmer**, attic
der **Dackel**, dachshund ('badger dog')
dahinfließen, to flow to a certain point
die **Dame**, lady
der **Dampfer**, steamer
der **Dank**, thanks
dann, then
das **Datum**, date
dauern, to last
auf **Deck**, on deck
die **Decke**, blanket
die **Delikatesse**, delicacy
denken, to think
deren, whose

deshalb, therefore
desto (besser), so much (the better)
deutlich, clear
deutsch, German
der **Diamant**, diamond
die **Diät**, diet
dicht, dense, thick
dick, fat
der **Dieb**, thief
der **Diebstahl**, theft, robbery
die **Diele**, hall, vestibule, entrance
der **Diener**, servant
dieser, -e, -es, this
das **Ding**, thing
der **Direktor**, director
doch, but
der **Dom**, cathedral
das **Dorf**, village
der **Dörfler**, villager
dort, there
dortig, there, at that place
sich **drängen - sich nach vorne drängen**, to press forward
draußen, outside
drehen, to turn
dreijährig, 3-year-old
dringend, urgent
dritte, third
drücken, to press
dumm, stupid
die **Düne**, dune
dunkel, dark
die **Dunkelheit**, darkness
dünn, thin
durch, through
durchstreichen, to cross out
dürfen, to be allowed
der **D-Zug**, express train

die **Ebbe**, ebb (tide)
eben, (*1*) just, (*2*) level
echt, genuine
die **Ecke**, corner
der **Edelstein**, precious stone
egal, equal, the same
das **Ei**, egg
eigen, own
eigenmächtig, unauthorized
eilen, to hurry
eilig, in a hurry
einatmen, to inhale, breathe in
die **Einbahnstraße**, one way street
der **Einbrecher**, burglar
der **Einbruch**, burglary

einfach, simple
einfache Fahrt, single journey
einfahren, to arrive
der Einfall, idea
einfallen (+ *Dat*), to occur to one
eingeschlagen, knocked in
eingießen, to pour in, out
einholen, to catch up with
einig - nach einiger Zeit, after some time
einkaufen, to shop
Einkäufe machen, to go shopping
einladen, to invite
die Einladung, invitation
einlösen, to cash a cheque
einsam, lonely
die Einsamkeit, loneliness
einschlafen, to fall asleep
einsteigen, to get in, climb in
eintreten, to enter
einverstanden, agreed
einwickeln, to wrap up
der Einwohner, inhabitant
die Einzelheit, detail
das Einzelkind, only child
das Einzelzimmer, single room
einziehen, to march in
das Eis, ice
das Eisen, iron
die Eisenbahnschienen, railway lines
eislaufen, to skate (on ice)
elegant, elegant
elend, miserable, wretched
das Elternhaus, parent's home
das Emailleschild, enamel nameplate
in Empfang nehmen, to receive
die Empfangsdame, receptionist
empfehlen, to recommend
das Ende, end
endlich, at last
endlos, endless
die Endstation, terminus
eng, narrow
entdecken, to discover
sich entfernen, to go away, move away
entfernt, distant
entheben, to remove
entlang, along
entlangschleichen, to creep along
entlangströmen, to pour along (a crowd)
entnehmen, to gather, to learn
entscheiden, to decide
entsetzt, frightened

entziffern, to decipher
entzweischlagen, to smash
das Erdgeschoß, ground floor
erfrischt, refreshed
die Erfahrung, experience
erhalten, to receive
sich erheben, to rise
sich erinnern an, to remember
sich erkälten, to catch a chill
erkennen, to recognize
erklären, to explain
die Erklärung, explanation
erklettern, to climb up
erkranken, to fall ill
erlauben, to allow, permit
erlaubt, allowed
erleben, to experience
erleichtert, relieved
erleuchtet, illuminated
ernst, earnest, serious
erreichen, to reach
erscheinen, to appear
erschrecken, to frighten
ersehen, to see, learn, note
erspähen, to catch sight of
erst, (*1*) first, (*2*) only
das Erstaunen, astonishment
erstaunt, astonished
erstklassig, first class
ertönen, to resound
ertrinken, to drown
erwachsen, to grow up
der Erwachsene, the adult
erwarten, to expect, await
erwidern, to reply
erwischen, to catch
erzählen, to tell, relate
essen, to eat
das Essen, meal
der Eßlöffel, tablespoon
der Eßtisch, dining table
das Eßzimmer, dining room
etwa, about
etwas, something
(das) Europa, Europe

fabelhaft, fabulous, incredible
die Fabrik, factory
das Fach (*pl.* Fächer), subject (on school timetable)
der Fachmann, expert
die Fahne, flag
die Fahrbahn, carriageway

247

die Fähre, ferry
fahren, to go, travel
der Fahrer, driver
der Fahrgast, passenger
das Fahrgeld, fare
die Fahrkarte, ticket (for travelling, but not on a bus or tram)
der Fahrplan, timetable
der Fahrpreis, fare
das Fahrrad, bicycle
der Fahrschein, ticket (bus or tram only)
der Fahrschullehrer, driving school instructor
der Fahrstuhl, lift, elevator
die Fahrt, journey
die Falle, the trap
fallen, to fall
fallen lassen, to drop
fällen, to fell
falls, in case, provided that, if
falsch geparkt, wrongly parked
die Familie, family
der Fanatiker, fan(atic)
die Farbe, colour
fassen, to catch, seize
fast, almost
die Fee, fairy
fehlen, to be missing
der Fehler, fault, mistake
feiern, to celebrate
der Feiertag, holiday, festive day
der Feind, enemy
die Feldmaus, fieldmouse
das Fenster, window
die Ferien (pl.), holidays
fern, distant, far off
die Ferne, distance
das Ferngespräch, the long distance telephone call
das Fernglas, telescope, binoculars
fernsehen, to watch television
der Fernsprecher, telephone
das Fernsprechnetz, telephone network
die Ferse, the heel
fertig, ready, finished
festkleben, to glue
festlich, festive
feststellen, to determine
feucht, damp
das Feuer, fire
das Feuerzeug, cigarette lighter
die Fichte, pine tree
der Film, film
die Filmaufnahme, film shot

die Filmkamera, movie camera
finden, to find
der Finger, finger
die Fingerspitzen (pl.) fingertips
flach, flat
flammenspeiend, belching flame
die Flasche, bottle
das Fleisch, flesh, meat
die Fleischkonserven (pl.), tinned (potted) meat
der Fliegerfeldwebel, Air Force Sergeant
die Fliese, flagstone
fließen, to flow
die Flocke, flake
fluchen, to swear
der Flughafen, airport
die Flugkarte, aeroplane ticket
das Flugzeug, aeroplane
das Flugzeugmodell, model aeroplane
flüstern, to whisper
der Fluß, river
die Flut, flood; high tide
die Folge, result, consequence
folgen, to follow
folgend, following
der Förster, forester
fortgehen, (1) to go away, (2) continue, advance
das Foto, photograph
der Fotoapparat, camera
fragen, to ask
französisch, French
die Frau, woman, wife, Mrs.
frech, cheeky
frei, free, vacant
das Freibad, open-air swimming pool
freilich, certainly, indeed
Freitag, Friday
die Freizeit, spare time
fremd, foreign, unknown
die Freude, joy
sich freuen (über), to rejoice (at), to be pleased
der Freund, friend
frisch, fresh
der Frühling, Spring (season)
das Frühstück, breakfast
frühstücken, to have breakfast
sich fühlen, to feel
führen, to lead
der Führer, the guide, leader
der Führerschein, driving licence
die Führung, leadership
funken, to sparkle, glitter

für, for
furchtbar, dreadful, awful
der Fuß, (pl. Füße), foot
der Fußballfanatiker, football fan
das Fußballspiel, football match
das Futter, food
füttern, to feed (animals)

die Gabel, fork
der Gang, corridor, passage
ganz, whole, quite
gar, (1) cooked, (2) altogether, very
gar nicht, not at all
die Garage, garage
das Gartenlokal, garden restaurant
der Gaskocher, gas cooker, gas-ring
der Gast, guest
das Gasthaus, hotel, inn
das Gebäude, building
das Gefängnis, prison
geben (es gibt), to give (there is, are)
die Gebirge (pl.), mountains, mountain
   range
die Geburt, birth
der Geburtstag, birthday
das Gedränge, crush
geduldig, patient
die Gefahr, danger
gefährlich, dangerous
gefallen, to please
das Gefängnis, prison
das Gefühl, feeling
gegen, against, towards
die Gegend, district
gegenüber, opposite
das Gehalt, pay
gehen, to go
die Gehilfin, lady assistant, clerk
gehören, to belong
der Geist, (pl. Geister), spirit
das Geld, money
die Geldanweisung, postal order
die Geldbörse, purse
die Gemeinde, community, municipality
die Gemüse (pl.), vegetables
genau, closely, exactly
der General, general
genießen, to enjoy
genug, enough
das Gepäck, luggage
das Gepäcknetz, luggage rack
der Gepäckschalter, luggage office
der Gepäckträger, porter (on a station)
gerade, (1) straight, (2) just

geradeaus, straight on
geraten, to get into, to find oneself
   in
geräuschlos, silent, noiseless
gern, willingly, gladly, like (ich tanze
   gern = I like dancing)
geschäftlich, relating to business,
   commercial
der Geschäftsfreund, business friend
die Geschäftsleute (pl.), businessmen
geschehen, to happen
das Geschenk, present
die Geschichte, (1) story, (2) history
das Geschirr, crockery
geschlossen, closed
die Geschwindigkeit, the speed
die Geschwister (pl.), brothers and sisters
das Gesicht, face
gespannt, tight, tense
das Gespräch, conversation
die Gestalt, figure, body
gesund, healthy, well
das Getränk, drink
gewinnen, to win
gewiß, certain(ly)
das Gewitter, thunderstorm
die Gewohnheit, habit
gewöhnlich, usually
das Gift, poison
der Gipfel, top (of a mountain)
die Gitarre, guitar
das Gitter, grating, iron bars
glänzend, shining
das Glas, glass
der Glaser, the glazier
die Glasscherbe, glass fragment
glauben, to believe, think
gleich, immediately
gleiten, to glide, slide, slip
das Glöckchen, little bell
das Glück, fortune, good luck, happiness
glücklicherweise, fortunately
gnädige (Frau), gracious; madam
(das) Goethehaus, Goethe's House (in
   Frankfurt)
das Gold, gold
das Goldwarengeschäft, goldsmith's shop
der Gott, God
der Grad, degree
grau, grey
grauhaarig, grey haired
greifen, to grasp, reach
die Grenze, frontier
grinsen, to grin

grob, coarse, vulgar
der **Groschen,** small coin (In Germany slang for 10 Pf; in Austria 100 Groschen = 1 Schilling)
groß, big, great, tall
die **Größe,** size
die **Großmutter,** grandmother
die **Großstadt,** city
der **Grund,** reason
die **Gruppe,** group
grüßen, to greet
günstig, favourable
gut, good, well
die **Güte (Ach, du liebe Güte!),** goodness (my goodness!)
das **Gymnasium,** grammar school

das **Haar,** hair
haben, to have
der **Hafen,** harbour
halb, half
halbtot, half dead
die **Hälfte,** half
die **Halle,** hall
die **Halsschmerzen (pl.),** sore throat
halten (für), *(1)* to stop, *(2)* to consider as
hämmern, to hammer (on a door, etc.)
die **Hand,** hand
die **Handtasche,** handbag
hart, hard
Harz, Harz (mountains in central Germany)
der **Hase,** hare
häufig, frequent
der **Hauptbahnhof,** main station
das **Hauptpostamt,** main post office
die **Hauptrolle,** star role
die **Hauptsache,** most important thing
die **Hauptstadt,** capital city
das **Haus,** house
die **Hausaufgaben (pl.),** homework
nach **Hause,** (going) home
zu **Hause,** at home
hausen, to live, dwell
der **Haushalt,** household, housekeeping
die **Haustür,** front door
heben, to raise
die **Hecke,** *(1)* hedge, *(2)* brood
heftig, violent(ly) (used here of rain)
Heiliger Abend, Christmas Eve
das **Heimatland,** native land
die **Heimatstadt,** home town

heimkehren, to return home
das **Heimweh,** homesickness
heiraten, to marry
heiß, hot
der **Held,** hero
helfen, to help
hell, bright, light (of colours)
das **Herz,** heart
heute, today
heranfahren, to drive up
herangleiten, to glide up
herauskommen, to come out
herausnehmen, to take out
der **Herbergsvater,** warden (of Youth Hostel)
Herein!, Come in!
hereinstürmen, to rush in
der **Herr,** *(1)* gentleman, *(2)* master, *(3)* Mr.
herrlich, magnificent
die **Herrschaften,** Ladies & Gentlemen
herumdrehen, to turn round
herumliegend, scattered around
die **Hilfe,** help
hilflos, helpless
der **Himbeersaft,** raspberry juice
der **Himmel,** *(1)* sky, *(2)* Heaven
historisch, historic
hinausgehen, to go out
hinausschieben, to push out
hinfallen, to fall down
hinsetzen, to add
sich **hinsetzen,** to sit down
hinterher, *(1)* behind, *(2)* afterwards
das **Hinterrad,** rear wheel
hintreten, to step forth
das **Hobby,** hobby
hoch, high
hochschieben, to push up
hochschlagen, to turn up (one's collar)
höchst, highest
die **Höchstgeschwindigkeit,** top speed
hoffen, to hope
hoffentlich, it is to be hoped
hoffnungsvoll, hopeful
höflich, polite
höflichst, in a most polite way
Hohenstaufenring, a main street in Vienna
holen, to fetch
das **Holz,** wood (as a substance)
horchen, to listen to, to spy on
hören, to hear
der **Hörer,** *(1)* listener (a person), *(2)* receiver (of a telephone)

250

der **Horizont**, horizon
die **Hose**, trousers
die **Hosentaschen** (*pl.*), trouser pockets
das **Hotel**, hotel
der **Hubschrauber**, helicopter
der **Hügel**, hill
    hüllen, to wrap
der **Hund**, dog
    hungrig, hungry
    husten, to cough

die **Idee**, idea
    ihr, ihre, (*1*) her, (*2*) their
die **Imbißstube**, snack bar
    immer, always
    imponieren, to impress
    indem, whilst
die **Inderin**, Indian girl
die **Insel**, island
das **Inserat**, advertisement
    insultieren, to insult
    interessant, interesting
das **Interesse**, interest
    interessieren, to interest
das **Interview**, interview
    inzwischen, meanwhile
    irgendwo, somewhere, anywhere
    Irland, Ireland
sich **irren**, to be wrong, to make a mistake
    irrsinnig, crazy, insane

    ja, yes
das **Jahr**, year
das **Jahrzehnt**, decade
    je ... desto, the ..... the ....
    jeder, each, every
    jedesmal, every time
    jemand, someone, anyone
die **jenigen die**, those who
    jetzt, now
der **Job**, job
der **Johannisbeersaft**, currant juice
die **Jugend**, youth
die **Jugendherberge**, youth hostel
    jung, young
das **Juweliergeschäft**, jeweller's shop

der **Kaffee**, coffee
    kaffeefarbene, coffee coloured
die **Kaffeekanne**, coffee pot
der **Kahn**, (*pl.* **Kähne**), boat, barge
    kahl, bare, bald
der **Kai**, quay

der **Kaiser**, emperor
die **Kaiserstadt**, Imperial City
    kalt, cold
    kaltblütig, cold-blooded
die **Kälte**, cold(ness)
die **Kamera**, camera
der **Kamerad**, comrade, companion
    kämmen, to comb
der **Kampf**, fight, combat, contest
    kanadisch, Canadian
der **Kapitän**, captain (of a ship)
    kaputt, broken, spoiled, ruined
der **Käse**, cheese
die **Kasse**, cash desk
der **Kassenzettel**, sales slip
die **Katze**, cat
das **Kätzchen**, kitten
    kauen, to chew
    kaufen, to buy
    kaum, hardly, scarcely
    kein, no, not any
    keinesfalls, on no account, by no means
der **Keks**, biscuit
der **Keller**, cellar
die **Kellnerin**, waitress
    kennen, to know (people)
    kennenlernen, to get to know
der **Kenner**, connoisseur
der **Kerl**, fellow, chap
    kerngesund, thoroughly sound or healthy
die **Kette**, necklace, chain
der **Kiefernwald**, pine forest
der **Kilometer**, kilometre
das **Kino**, cinema
der **Kiosk**, kiosk
die **Kiste**, box, chest, crate
    klar, clear
    kleben, to stick
das **Kleid**, dress
die **Kleider**, clothes
der **Kleiderschrank**, wardrobe
die **Kleidung**, clothing
    klein, small
die **Kleinbildkamera**, miniature camera
das **Kleingeld**, small change
der **Klempner**, plumber
    klettern, to climb
    klicken, to click
der **Klient**, client, customer
    klingeln, to ring
die **Klippe**, cliff
    klirren, to clatter

klopfen, to knock
knabbern, to gnaw, nibble
der Knabe, the boy
knicksen, to curtsey
das Knie, the knee
knipsen, to take a snapshot of
kochen, to boil, to cook
der Koffer, suitcase
die Kollegin, colleague (female)
komisch, comic(al), funny, strange
das Kommando, the command
kommen, to come
der Kommentar, commentary
der Kommissar, commissioner; inspector
die Konditorei, confectioners'
der Kongress, congress
der Kopf, head
das Kopfkissen, pillow
der Kopfsalat, lettuce
der Kopfsprung, header
das Kopftuch, headscarf
kopfüber, headlong
der Korb, basket
der Körper, body
der Korridor, corridor, passage
kostbar, precious
der Kragen, collar
der Kran, crane
das Krankenhaus, hospital
kratzen, scrape, scratch
die Krawatte, tie
die Kreide, chalk
kreischen, to shriek, scream
das Kreuz, cross
die Kreuzung, crossroads
kriechen, to creep, crawl
der Krieg, the war
kriegen, to get, obtain
die Kriegsmarine, navy
der Kriminalroman, detective novel
der Krug, jug
der Kuchen, cake
die Kuh, cow
kühl, cool
kühn, bold
der Kunde, customer
Kurfürstendamm, the main shopping
street in West Berlin
kurvenfrei, straight (with no bends)
der Kuß, kiss
die Küste, coast

lächeln, to smile

lachen, to laugh
der Laden, shop
laden, to load
der Ladentisch, counter
das Lager, camp, depot
das Lagerfeuer, camp fire
der Lagerplatz, camp site
landen, to land
die Landkarte, map
die Landschaft, landscape
Landsleute (pl.), fellow countrymen
die Landstraße, high road, main road
der Landstreicher, tramp
der Länderkampf, international match
lang, long
langweilen, to bore
der Lärm, noise
lassen, let, leave
der Lastwagen, lorry
der Lauf, run, race
laufen, to run
der Läufer, runner
die Laune, whim, mood
laut, loud
läuten, to ring
der Lautsprecher, loudspeaker
das Leben, life
die Lebensgefahr, danger to life
der Lebenslauf, life, career
das Lebensmittelgeschäft, grocer's shop
das Leder, leather
die Lederhose, leather shorts (Tyrolean
costume)
der Lederkoffer, leather trunk, suitcase
ledern, (made of) leather
leer, empty
der Lehnstuhl, armchair
lehren, to teach
der Lehrer, teacher
der Lehrling, apprentice
leicht, easy
die Leichtathletik, athletics
leiden, to suffer, tolerate
leider, unfortunately
die Leihbibliothek, lending library
leihen, to lend
die Leine, line (in the sense of a rope)
leise, softly
der Leiter, leader, manager
die Leiter, ladder
lernen, to learn
lesen, to read
leserlich, legible
letzt, last

der Leuchtturm, lighthouse
die Leute, people
das Licht, light
die Liebe, love
    lieben, to love
    lieber (+ *verb*), prefer
die Lieblingsecke, favourite corner
das Lieblingsprogramm, favourite programme
das Lied, song
    liefern, to deliver
    liegen, to lie
die Limonade, lemonade
die Linie, bus route
    links, left
die Lippe, lip
der Löffel, spoon
das Lokal, restaurant, pub, place to eat or drink
    los!, off!
    lösen, (*1*) to buy (a ticket), (*2*) to loosen, untie, solve
    losgehen, to set off
    losziehen, to set off
    luftkrank, airsick
    lügen, log, to tell a lie
    Lust haben, to feel like doing something
    lustig, gay, merry

    machen, to do, to make
das Mädchen, girl
der Magen, stomach
    Magenschmerzen (*pl.*), stomache-ache
    mager, thin, lean
die Mahlzeit, meal
(das) Mailand, Milan
    malen, to paint
    man, one
    manchmal, sometimes
der Mann, (*1*) man, (*2*) husband
die Männerstimme, man's voice
die Mannschaft, team
der Mantel, overcoat
die Mappe, briefcase
das Märchen, fairy tale
der Marineoffizier, naval officer
der Markt, market
der Marsch, march
die Mathematik, mathematics
der Matrose, sailor
das Mehl, flour
    mehr, more
    meinen, to think, to be of the opinion

die Meinung, opinion
    meisten, most
    meistens, mostly
der Meister, master, champion
die Meisterin, mistress, champion
die Meisterschaft, championship
    melden, to announce
der Meldezettel, registration form
die Menge, (*1*) large quantity, (*2*) crowd
der Mensch, human being, man
das Menü, menu
    merken, to notice
    messen, to measure
das Messer, knife
der Metzger, butcher
    mieten, rent, hire
die Milch, milk
    millionste (der millionste Kunde), millionth (customer)
    mindestens, at least
der Minister, minister
die Minute, minute
    mißtrauisch, distrustful, suspicious
    mitbringen, bring (a present etc.)
das Mittagessen, lunch, midday meal
die Mitte, middle
    Mittwoch, Wednesday
das Möbel, piece of furniture
die Möbelabteilung, furniture department
    möchte, should/would like
    modern, modern
    möglich, possible
der Moment, moment, instant
der Monat, month
der Mond, moon
der Morgen, morning
das Morgenblatt, morning paper
die Morgenpause, morning break
der Morgenrock, dressing gown
der Mörder, murderer
    motorisiert, motorised
das Motorrad, motorcycle
    müde, tired
die Mühe, trouble, fatigue
    mühelos, easy, effortless, without trouble
der Mund, mouth
das Münster, minster, cathedral
die Muschel, cockle, mussel, shell
die Musikkapelle, band
    mutig, courageous, brave

    Na!, Well then!

nach, (*1*) to (a place), (*2*) after (time)
der Nachbar, neighbour
nachdem, after
nachdenken, to meditate, to think over
nachgeben, to give in
nachher, afterwards
der Nachmittag, afternoon
die Nachrichten (*pl.*), news
nachschlagen, to look up (in a book)
nachspringen, to chase after
nächste, nearest, next
das Nachthemd, nightdress
der Nachtisch, dessert, sweet course
nächtlich, nocturnal
nachzählen, to count up
in der Nähe, in the neighbourhood, near
näher, nearer
sich nähern, to approach
der Name, name
nämlich, namely, that is to say
die Nase, nose
naß, wet
der Nebel, fog
neben, next to
nehmen, to take
nervös, nervous
nett, nice
neulich, recently
neutral, neutral
nicht aus noch ein wissen, to be at one's wits end
nichts, nothing
nicken, to nod
nie, never
niemand, nobody
niesen, to sneeze
noch, still
noch ein, another
nochmals, once more
normalerweise, normally
die Not, need
die Note, mark (for schoolwork)
notieren, to note down
nötig, necessary
die Notwendigkeit, necessity
nun, now

ob, whether
oben (nach oben gehen), above (to go upstairs)
der Ober, the (head) waiter
die Oberschule, Secondary school
obgleich, although

das Obst, fruit
das Obstgeschäft, fruit shop
der Obststand, fruit stall
die Obsttorte, fruit tart
obwohl, although
die Ochsenschwanzsuppe, oxtail soup
offen, open
offensichtlich, obviously
öffentlich, public
der Offizier, officer
öffnen, to open
ohne, without
das Ohr, (*pl.* Ohren), ear
das Öl, oil
die Oper, opera
die Ordnung, order, tidiness
der Ort, place
die Osterferien, Easter holidays
Ostern (*pl.*), Easter
die Ostsee, Baltic Sea
der Ozean, ocean

ein paar, a few
packen, to seize
das Paket, parcel
Papa, father
das Papier, paper
die Papierhülle, (cigarette) wrapper
das Parfüm, perfume
der Parkplatz, parking place
der Paß, passport
der Passagier, passenger
passen, to match
passieren, (*1*) to pass, (*2*) to happen
die Pause, pause, break, interval
peinlich, embarrassing
das Pensionat, boarding school
perfekt, perfect
die Person, person
der Personenzug, passenger train
persönlich, personal
die Pommes frites (*pl.*), chips
der Pfad, path
die Pfahlbauten, lake dwellings (on piles)
pfeifen, to whistle
das Pferd, horse
der Photograph, photographer, camera-man
die Picknicksachen (*pl.*), picnic things
der Plan, (*pl.* Pläne), plan
die Plastikdose, plastic container
die Platte (Schallplatte), gramophone record
der Plattenspieler, record player

der **Platz**, (*1*) place, (*2*) seat
plaudern, to chat
plötzlich, suddenly
die **Polizei**, police
der **Polizeikommissar**, police inspector
die **Polizeiwache**, police station
der **Polizist**, (*pl.* **Polizisten**), policeman,
die **Polizistenpfeife**, policeman's whistle
die **Post**, (*1*) post, mail, (*2*) post office
das **Postamt**, post office
postlagernde Sendungen (*pl.*), letters
   to be called for at post office
der **Preis**, (*1*) price, (*2*) prize
die **Preisverteilung**, prize distribution
die **Prinzessin**, princess
prinzlich, princely
die **Prise**, pinch (of salt etc.)
probieren, to try, attempt
das **Programm**, programme
die **Prüfung**, examination
der **Punkt**, (*1*) point, (*2*) full stop
putzen, to clean, polish

die **Qualität**, quality
das **Quecksilber**, mercury, quick silver

das **Rad**, bicycle
der **Radiergummi**, eraser, india rubber
das **Radio**, radio
die **Rakete**, rocket
der **Rahmen**, frame
die **Rampe**, ramp
der **Rand**, edge, brink
ranzig, rancid
rasseln, to rattle
der **Rat**, advice
raten, to advise
das **Rathaus**, Town Hall
rationiert, rationed
das **Rattengift**, rat poison
der **Räuber**, robber
rauchig, smoky
der **Raum**, place, space, room
die **Raumfahrt**, space travel
die **Rechnung**, bill
recht, right
der **Rechtsanwalt**, lawyer
rechtzeitig, opportune, in good time
reden, to speak
das **Regal**, shelf
der **Regen**, rain
der **Regenmantel**, raincoat
der **Regenschirm**, umbrella
regnen, to rain

regnerisch, rainy
das **Reh**, (*pl.* **Rehe**), roe (deer)
reiben, to rub
reichen, (*1*) to pass (*e.g.* plate), (*2*)
   to be sufficient
reichlich, ample, plenteous
die **Reihe**, row, series
die **Reise**, journey
das **Reiseandenken**, souvenir
das **Reisebüro**, travel agency
der **Reisepaß**, passport
die **Reiseverbindungen** (*pl.*), (travel) con-
   nections
reissen, to tear, pull, drag
reissend, rapid, turbulent (a river)
reiten, to ride
die **Reitstunde**, riding lesson
reizend, charming
rennen, to run, race
der **Rennwagen**, racing car
die **Reparatur**, repair
reparieren, to repair
reservieren, to reserve
das **Restaurant**, restaurant
retten, to save
der **Rettungsring**, life belt
richtig, right
die **Richtung**, direction
der **Riese**, giant
riesengroß, gigantic
das **Rindfleisch**, beef
der **Ring**, ring
ringsum, roundabout
riskieren, to risk
der **Ritter**, knight
die **Rivalin**, rival (*fem.*)
die **Rolle**, role
rollen, to roll
der **Roller**, scooter
der **Roman**, novel
die **Rosine**, raisin, sultana, currant
rot (vor Wut), red (with anger)
röten, gerötet, to redden
der **Rücken**, back
die **Rückreise**, return journey
der **Rucksack**, rucksack
die **Rückseite**, the back (*e.g.* of a house)
rückwärts, backwards
rufen, to call
die **Ruhe**, quiet, calm, rest, silence
die **Ruhestörung**, disturbance
ruhig, calm, silent, still, serene
die **Ruine**, ruins
das **Rumpsteak**, rump steak

rutschen, slide, skid, slip

der Saal, large room, assembly room, hall
die Sache, thing, affair, matter
sagen, to say
die Saison, season
der Salat, salad, lettuce
der Salon, drawing room
sammeln, to collect, gather
die Sammlung, collection
der Sand, sand
die Sandale, sandal
satt (ich bin satt), satisfied, full (I have had enough)
sauber, clean
sauer, sour, acid, tart
das Sauerkraut, sauerkraut (a type of pickled cabbage)
sausen, (*1*) to rush, whiz, (*2*) to blow hard (wind)
schäbig, shabby
die Schachtel, box, case, tin
schade, shame, pity
schaden (das schadet nichts), that doesn't matter
das Schaf, sheep
der Schäferhund, Alsatian dog
schaffen, to manage
der Schaffner, conductor, ticket collector
schälen, to peel, skin, shell
die Schallplatte, (gramophone) record
der Schalter, (*1*) switch, (*2*) booking office, counter (at P.O. or Bank)
die Scham, shame
sich schämen, to be ashamed of
schamlos, shameless
die Schar, host, flock, shoal, etc.
scharf, sharp
der Scharfsinn, acuteness, intelligence
die Schätzung, estimate
schauen, to look
das Schaufenster, shop window
schäumen, to foam
der Schauspieler, actor
die Schauspielerin, actress
die Scheibe, (*1*) disc, (*2*) window pane, (*3*) slice of bread
der Schein, light
scheinbar, apparent
scheinen, (*1*) to shine, (*2*) to seem
schelten, to scold
schenken, to give

schick, smart
schicken, to send
schieben, to push
der Schiedsrichter, referee
die Schiene, rail
schiessen, to shoot
der Schiffer, sailor
der Schild, (*1*) shield, (*2*) notice, sign
der Schilling, unit of Austrian currency
schimpfen, to scold, abuse
das Schimpfwort, term of abuse
der Schinken, ham
die Schlacht, battle
der Schlaf, sleep
schlafen, to sleep
die Schläfe, temple (part of the head)
der Schlafsaal, dormitory
das Schlafzimmer, bedroom
schlagen, to strike, hit, beat
der Schlager, 'hit' (song or record)
der Schlagersänger, 'pop' singer
das Schlaginstrument, percussion instrument
die Schlagsahne, whipped cream
der Schlamm, mud
die Schlange, (*1*) snake, (*2*) queue
schlank, slim
der Schlauch, tube, pipe, hose
schlecht, bad
schleichen, to creep
schlendern, to stroll, saunter
schleppen, to drag, pull, carry
der Schlepper, tug boat, prime mover
schließlich, finally
das Schloß, castle
schlottern, to fit loosely, to dangle, flap
schluchzen, to sob
der Schlucken, hiccoughs
der Schlund, throat, gorge, abyss
der Schluß, end
der Schlüssel, key
schmal, narrow
schmecken, to taste
schmeißen, (*1*) to smash, (*2*) to throw out
schmelzen, to melt
schmerzen, to pain
der Schmetterling, butterfly
der Schmuck, ornament, decoration
schmücken, to decorate
schmutzig, dirty
der Schnaps, spirits (drink)
der Schnee, snow

schneebedeckt, snow covered
schneiden, to cut
schneien, to snow
schnell, quick
der Schnellzug, express
schnittig, smart, racy
der Schnupfen, head cold
die Schnur, cord (pulled to stop a train)
die Schokolade, chocolate
schon, already
schön, beautiful
die Schönheit, beauty
der Schrei, cry
schreiben, to write
der Schreibtisch, writing table, desk
schreien, to cry out, shout
der Schritt, (pl. Schritte), step, stride
schüchtern, shy
die Schuld, debt
der Schuldirektor, headmaster
die Schule, school
der Schüler, pupil
der Schulhof, playground
der Schulranzen, schoolbag, satchel
die Schulter, shoulder
das Schulzeugnis, school report
der Schuppen, shed
die Schüssel, dish
schütten, to pour out
schütteln, to shake
der Schutzmann, policeman
schweigen, to be silent
die Schwelle, threshold, doorstep
das Schwein, pig
Schweizer, schweizerisch, Swiss
das Schwert, sword
die Schwester, sister
der Schwiegervater, father-in-law
schwierig, difficult
die Schwierigkeit, difficulty
schwimmen, to swim
das Schwimmbecken, swimming pool
schwitzen, to sweat
der See, the lake
die See, the sea
seekrank, sea sick
die Seeluft, sea air
die Seereise, sea journey
segeln, to sail
sehen, to see
die Sehenswürdigkeiten, sights (for the tourist)
das Seifenpulver, soap powder
sein, to be

seit, since
selber, self
seltsam, strange
selten, seldom
der Sender, transmitter
die Sendung, (1) broadcast, (2) consignment
der Sessel, armchair
setzen, to sit down
sicher, safe, certain
die Sicht, sight, view, outlook, visibility
die Silbe, syllable
silber, silver
singen, to sing
sitzen, to sit
skilaufen, to ski
sobald, as soon as
sofort, immediately
sogar, even
sogleich, immediately
der Sohn, son
solch, such
sollen, shall, should, ought
der Sommer, summer
sonderbar, strange, odd
sondern, but
die Sonne, sun
der Sonnenbrand, sunburn
der Sonnenschein, sunshine
sonnig, sunny
Sonntag, Sunday
sonst, or else
die Sorge, care, worry
spannend, exciting, thrilling
die Sparbüchse, money box
sparen, to save
die Sparkasse, savings bank
der Spaß, joke
spät, late
spätestens, at the very latest
die Spazierfahrt, drive, trip
der Spaziergang, walk
die Speisekarte, menu
speisen, to eat
der Speisewagen, dining car
die Sperre, barrier
das Spiel, game
spielen, to play
der Spielplatz, playground
das Spielzeug, toy
splittern, to splinter, to shatter
die Sprache, language
sprechen, to speak
springen, to jump

der **Sprung**, leap, jump
 spülen, to wash up
 spüren, (*1*) to trace, (*2*) to feel,
  experience
der **Stab**, staff, stick, rod
das **Stadion**, stadium
die **Stadt**, town
der **Stadtplan**, townplan
der **Stadtrand**, outskirts of town
der **Staffellauf**, relay race
 stammeln, to stammer
 ständig, regularly
die **Standuhr**, grandfather clock
 stark, strong
 starren, to stare
der **Start**, start (sport)
 starten, to start (mechanical)
die **Station**, station, stop
 stattfinden, to take place
das **Staubwischen**, dusting
 stecken, to put
 stehen, to stand
 stehenbleiben, to stop
 stehlen, to steal
 steigen, to climb
 steil, steep
die **Steinfliese**, flagstone
die **Stelle**, place, job
 an **Stelle**, in place of
die **Stellung**, job
 sterben, to die
das **Steuer**, rudder, helm, steering wheel
 still, quiet, still, calm
die **Stimme**, voice
 stöhnen, to groan
 stolpern, to stumble
 stolz, proud
 stören, to disturb
die **Strafe**, punishment
der **Strahl**, ray, flash, beam
der **Strand**, beach
das **Strandbad**, bathing beach
die **Straße**, street
die **Straßenbahn**, tram, tramway
die **Straßenlaterne**, street lamp
die **Streichhölzer** (*pl.*), matches
das **Streichinstrument**, string instrument
der **Streifenwagen**, patrol car
 streiten, to fight, quarrel
der **Strick**, cord, rope, string
das **Stroh**, straw
der **Strom**, large river
 stromab (auf), down (up) stream
 strömen, (*1*) to stream, flow, (*2*)

 flock (crowd)
die **Strumpfhose**, tights
das **Stück**, piece
der **Student**, student
die **Stufe**, stage (of a rocket)
der **Stuhl**, chair
 stumm, dumb, speechless
die **Stunde**, (*1*) hour, (*2*) lesson
 stürmen, to rush
 stürzen, to throw down, upset
 Suche (auf die Suche gehen), search
  (to go in search of)
 suchen, to look for
das **Südafrika**, South Africa
der **Summer**, the buzzer
 summen, to buzz, to hum
der **Supermarkt**, supermarket
die **Suppe**, soup
 süß, sweet

der **Tabakhändler**, tobacconist
die **Tablette**, tablet
die **Tafel**, (*1*) blackboard, (*2*) bar (of
  chocolate)
der **Tag**, day
das **Tageslicht**, daylight
der **Tagesraum**, dayroom
 täglich, daily
das **Tal**, valley
die **Talsperre**, river dam
 tanken, to fill up with petrol
die **Tankstelle**, filling station
der **Tankwart**, forecourt attendant
der **Tannenwald**, pine forest
 tanzen, to dance
die **Tapete**, wallpaper
 tapezieren, to wallpaper
die **Tasche**, (*1*) pocket, (*2*) bag
die **Tasse**, cup
die **Tat**, deed
die **Tatsache**, fact
 tatsächlich, real, actual
 tauchen, to dive
 taumeln, to stagger, reel, wobble
der **Taxameter**, taximeter
das **Taxi**, taxi
der **Taxistand**, taxi rank
der **Tee**, tea
 teilen, to divide, share
 teilnehmen, to take part
das **Telefon**, telephone
das **Telefonbuch**, telephone directory
das **Telegramm**, telegram
 telephonieren, to telephone

tellergroß, as big as a plate
die **Temperatur**, temperature
die **Tempo (Nun aber Tempo!)**, movement, pace ('Step on it'! - car)
der **Teppich**, carpet
teuer, dear
die **Theaterkasse**, box office (at theatre)
die **Theke**, bar
die **Themse**, Thames
das **Thermometer**, thermometer
tief, deep
das **Tier**, animal
das **Tintenfaß**, inkpot
tippen, to type
der **Tisch**, table
der **Titel**, title
die **Tochter**, daughter
der **Tod**, death
die **Tomatensuppe**, tomato soup
der **Topf**, pot
das **Tor**, (*1*) gate, (*2*) goal (sport)
die **Torte**, fancy cake
der **Torwart**, goalkeeper
tot, dead
totenblaß, pale as death
der **Tourist**, (*pl.* **Touristen**), tourist
tragen, (*1*) to carry, (*2*) to wear
trainieren, to train, coach
die **Träne**, tear (when crying)
der **Traum**, dream
traurig, sad
treffen, (*1*) to meet, (*2*) to strike, hit
treiben, (*1*) to drive, to urge, (*2*) to go in for (sport)
die **Treppe**, staircase
treten, to tread, step, walk
das **Trinkgeld**, tip, gratuity
trinken, to drink
das **Trinkwasser**, drinking water
der **Tropfen**, drop
tropfnaß, dripping wet
trotz, in spite of
der **Tubenklebstoff**, tube of adhesive
tun, to do
die **Tür**, door
der **Türrahmen**, doorframe
der **Turm**, tower

die **U-Bahn**, underground railway
übel, evil, bad ill, sick
über, over, above
überall, everywhere
die **Überfahrt**, crossing
überholen, to overtake

überlegen, to consider
übernachten, to spend the night
überqueren, to cross (street)
überraschen, to surprise
die **Überraschung**, surprise
überreichen, to hand over
überschwemmen, to submerge, inundate, flood
die **Übersetzung**, translation
die **Übersicht**, review (of coming radio programmes)
die **Überstunden** (*pl.*), overtime
übrig, left over, remaining
im **übrigen**, apart from that
übrigens, moreover, besides
das **Ufer**, bank (of a river) shore
die **Uhr**, clock, watch
um ... zu, in order .... to
sich **umdrehen**, to turn round
umgeben, to surround, surrounded
im **Umkreis von**, within a radius of
umrahmt, framed
umschalten, to change gear
der **Umschlag**, envelope
umschreiben, to transcribe, paraphrase, re-write
sich **umsehen**, to look round, look back
umsonst, in vain, to no purpose
umsteigen, to change (vehicles, trains)
umwechseln, to change (money)
umziehen, to move house
unbedingt, absolute, complete
unbemerkt, unnoticed
ungefähr, roughly, approximately
unglaublich, incredible
die **Uniform**, uniform
die **Universität**, university
unsichtbar, invisible
unten (nach unten gehen), below (to go donwstairs)
unter (darunter), (*1*) under, (*2*) among (amongst them)
unterbrechen, to interrupt
untergehen, to set (of sun)
sich **unterhalten**, (*1*) to converse, (*2*) to enjoy oneself
die **Unterkunft**, accommodation, shelter
der **Unterschied**, difference
unterschreiben, to sign
unterwegs, on the way
untröstlich, inconsolable
ununterbrochen, uninterrupted
unverschämt, impertinent, insolent

uralt, very old, ancient

der Urlaub, leave of absence, time off, holidays

die Verabredung, appointment, 'date'

verbergen, to conceal

die Verbindung, connection

der Verbrecher, criminal

verbringen, to spend (time)

verdanken, to owe

verdienen, to earn

vergessen, to forget

vergiften, to poison

verglast, glazed

verhaften, to arrest

verheiratet, married

sich verirren, to lose one's way, get lost

verkaufen, to sell

die Verkäuferin, shop assistant (female)

die Verkehrsampel, traffic light

die Verkehrsmittel, conveyance, form of transport

verkehren, to run (bus, train, etc.)

verkehrt, topsy turvy

verlangen, to demand, require, request

verlassen, (1) to leave, (2) (as past participle) deserted

verlegen, embarrassed

verletzt, injured

verlieren, to lose

der Verlust, loss

vermutlich, likely, probable

verpacken, to pack

verpassen, to miss, lose by delay

verrückt, crazy

versagen, to stop (of a motor)

die Versammlung, meeting, gathering

versäumen, to miss

verschämt, schamefaced

verschieden, different

verschlossen, closed

verschwinden, to disappear

versichern, to reassure

versichert, insured

die Verspätung, delay, lateness

versprechen, to promise

verständlich, intelligible

verstehen, to understand

der Versuch, test, attempt

versuchen, to try

verteidigen, to defend

verteilen, to sort

vertieft, engrossed

verwandeln, to change, transform

der, die Verwandte, relative

verwirrt, confused

verzehren, to consume

verzeihen, to pardon

verzollen, to pay (customs) duty on

das Vieh, beast, cattle

viel, many, much

vielleicht, perhaps

das Viertel, quarter

das Vitamin, (pl. Vitamine), vitamin, vitamins

der Vogel, (pl. Vögel), bird, birds

das Volk, people

das Volkslied, folk-song

die Volkschule, elementary (primary) school

vollständig, complete, entire

vor, in front of, before

die Voranmeldung, preadvice call

im Voraus, in advance

vorbeifahren, to drive past

vorbeigehen, to go past

vorbeijagen, to dash past

vorbeikommen, to come past

vorbereiten, to prepare

vordere(Reihe), front (row)

das Vorderrad, front wheel

vordrängen, to press forward

vorgestern, the day before yesterday

vorig, former, preceding, last

vorher, previously

vorkommen, to occur, happen

der Vorname, Christian name

vorschlagen, to propose, suggest, offer

vorsichtig, cautious

die Vorspeise, hors d'hoeuvre

sich vorstellen, to imagine

vortrefflich, excellent

vortreten, to step forward

wach, awake

wach werden, to awaken

wachsen, to grow

der Wächter, watchman, lookout, warder

der Wachtmeister, sergeant

der Wagen, vehicle, car, wagon, coach

wagen, to dare

wählen, to choose; dial (telephone)

wahnsinnig, crazy, insane

während, during, whilst

die Wahrheit, truth

wahrscheinlich, probably
der Wald, wood, forest
der Waliser, Welshman
die Wanderung, walking tour, trip
die Wange, cheek (part of face)
war, was (part of sein)
warm, warm
wärmen, to warm
die Wärmflasche, hot water bottle
warten, to wait
der Wartesaal, waiting room
warum, why
waschen, to wash
das Wasser, water
die Wasserleitung, water supply, water pipes
der Wechsel, exchange
der Wecker, alarm clock
der Weg, way, path
wegen, because of, on account of
wegnehmen, to take away
weh!, *as an exclamation* - Oh, dear!
weh tun, to hurt, ache
weich, soft
die Weihnachten (*pl.*), Christmas
der Weihnachtsbaum, Christmas tree
weil, because
die Weile, space of time, a while
das Weilchen, a moment
der Weinberg, vineyard
das Weindorf, village where wine is made
weinen, to cry
die Weinkarte, wine list
weisen auf, to point at
weiß, (*1*) white, (*2*) part of wissen
weißhaárig, white-haired
weit, (*1*) far, (*2*) wide
weiterfahren, to continue one's journey
weiterwandern, to continue walking
die Welle, wave
die Welt, world
wenden, to turn
wenig, few
werden, to become
werfen, to throw
wertlos, worthless
wertvoll, valuable
der Wettbewerb, competition
das Wetter, weather
die Wetternachrichten (*pl.*), weather report
wichtig, important
wie, (*1*) how, (*2*) like, as

wieder, again
Wien, Vienna
die Wiese, meadow
wild, wild, savage
die Wimper, eye-lash
der Wind, wind
winseln, to whimper
wirken, to work, produce, effect
wirklich, really
der Wirt, host; landlord (of inn)
wissen, to know
das Wissen, knowledge
die Woche, week
das Wochenende, weekend
wohl tun, to do good
›vohnen, to live
der Wohnblock, block of flats
der Wohnwagen, caravan
die Wohnung, (*1*) dwelling, (*2*) flat
wolkenlos, cloudless
wollen, to want
das Wort, word
wunderbar, wonderful
wünschen, to wish
die Wurst, sausage
das Würstchen, (small) sausage
wütend, furious

zahlen, to pay
zählen, to count
der Zahn, tooth
der Zahnschmerz, toothache
das Zahnweh, toothache
die Zange, pincers, ticket punch
der Zaun, hedge, fence
die Zehenspitzen (*pl.*), tiptoe
zeigen, to show
die Zeit, time
die Zeitung, newspaper
der Zeitungskiosk, newspaper stall
die Zelle, (*1*) cell, (*2*) telephone box
das Zelt, tent
das Zentimeter, centimetre
die Zentralheizung, central heating
zerbrochen, broken
zerreißen, (zerrissen), to tear up. (torn up)
zerren, to pull, drag, tug
zerstört, destroyed
der Zettel, scrap of paper, slip, note
der Zeuge, witness
das Zeugnis, school report
ziehen, to pull
ziemlich, fairly, moderately

das **Ziel**, aim, target, destination
zierlich, graceful, elegant
die **Zigarette**, cigarette
das **Zigarettenetui**, cigarette case
das **Zimmer**, room
die **Zitrone**, lemon
zittern, to tremble
die **Zonengrenze**, zonal boundary
zornig, angry
zubereiten, to prepare
zucken, to twitch, jerk
der **Zucker**, sugar
die **Zuckerwaren** (*pl.*), confectionery, sweets
zuerst, at first

der **Zug**, train
zugleich, at the same time
zukommen, to come up to
die **Zukunft**, future
zunächst, first of all
der **Zungenfehler**, slip of the tongue
zurück, back
zurückkehren, to return
zurufen, to call to
zusammenlaufen, to congregate, collect; to shrink
zuvor (am Abend zuvor), previously (on the previous evening)
der **Zweck**, purpose
zweifellos, doubtless
zwischen, between